불안한
원숭이는
왜 물건을
사지 않는가

불안한 원숭이는 왜 물건을 사지 않는가

지은이 **루디 가즈코** | 옮긴이 **박재현**

mago books

마고북스

불안한
원숭이는
왜 물건을
사지 않는가

1판 1쇄 찍은날   2010년 11월   8일
1판 1쇄 펴낸날   2010년 11월 15일

지은이 루디 가즈코
옮긴이 박재현
펴낸이 노미영

펴낸곳 마고북스
등록 2002. 1. 8   제22-2083호
주소 서울시 마포구 서교동 458-20 푸른감성빌딩 2층
전화 02-523-3123   팩스 02-523-3187
이메일 magobooks@naver.com

ISBN 978-89-90496-54-6   13320

이 책을 읽는 여러분은 인터넷, 특히 휴대전화나 웹 2.0의 등장으로 입소문이 더 강력한 힘을 가지게 되었다고 믿는가? 그런 일은 없다. 입소문은 과거 수백만 년의 인류 역사에서 한결같이 가장 중요한 채널이었다. 최초의 입소문 채널은 '이'였다. 동료의 몸에 들끓는 이를 잡아주는 데서 최초의 커뮤니케이션이 시작되었다.

여러분은 또, 경기가 나빠지면 싼 물건밖에 팔리지 않는다고 생각하는가? 아니다. 불경기라도 최종 전망이 명확하다면 고액의 상품도 팔 수 있다. 현재의 경제 상황보다 미래에 대하여 얼마만큼의 불안을 느끼고 있는가 하는 것이 중요한 변수로 작용하기 때문이다. 우리의 먼 조상인 오스트랄로피테쿠스(猿人, 이 책에는 선행인류로 원숭이에서 막 갈라져 나온, 영락없이 원숭이 모습을 하고 있던 猿人과 인간의 모습을 갖추기 시작한 原人이 등장한다. 학자에 따라서는 原人도 猿人에 포함시키기도 하지만 일반적으로 猿人을 아프리카에서 활동하던 오스트랄로피테쿠스로 분류

하고, 原人을 호모속에 포함시켜 호모 에렉투스라 명명하는데, 저자는 이 같은 학설을 받아들였다-역자 주)가 지금 시대로 시간여행을 온다면 애매한 상황에 불안을 느끼고 온 힘을 다해 저축하느라 정신이 없을 것이다. 현대인이든 오스트랄로피테쿠스든 애매한 상황에 처했을 때 무의식적으로 두려움을 느끼는 것은 마찬가지이기 때문이다.

이렇게 단언할 수 있는 것은 세 분야의 학문 연구가 새롭게 진행되었기 때문이다. 먼저, 1990년대에 크게 진전을 이룬 정신과학이 있고, 인간은 종종 불합리하고 모순된 듯이 보이는 행동을 하지만 거기에는 그 나름의 규칙이 있다고 주장하는 행동경제학이 있다.

그러나 이 두 가지 학문은 인간이 예컨대 상품을 선택하고 구매할 때에 어떻게 '뒤죽박죽'에, '아무렇게나' 행동하는지 그 진짜 이유는 가르쳐주지 않는다. 그것을 가르쳐주는 것이 1970년대에 등장한 진화심리학이다.

수십만 년에서 수백만 년 전의 옛날로 돌아가서 우리의 조상이 했던 것과 학습한 것, 그리고 환경의 변화에 뇌 구조가 적응해온 역사를 알면 현대의 불가사의한 소비행동을 해명할 수 있다. 상품을 파는 판매자가 어떻게 대처해야 하는가 하는 해결 방법도 찾을 수 있다.

오스트랄로피테쿠스의 사회생활과 경제생활을 알면 알수록 현대를 살고 있는 우리가 사물을 인식하는 방식이 거의 바뀌지 않았다는 사실에 놀라게 된다. 그렇지만 현대인은 그러한 원시적인 인지방식에 그럴듯한 이유를 붙이는 방법을 알고 있다. 그래서 소비자의 행동을 이해하기가 더욱 어려운 것이다.

모르는 것은 우리의 조상에게 물어보자.

유인원(인간과 닮은 형태를 가진 영장류를 통틀어 일컫는다)이나 호모 에렉투스(原人)가 가르쳐주는 '소비학'을 이 한 권의 책에 정리해보았다. 즐겁고 재미있게 읽어준다면 저자로서 더 이상 바랄 것이 없겠다.

루디 가즈코

차 례

제 1 장

불안한 호모 사피엔스는
물건을 사지 않는다

불안을 평생토록 느끼는 일본인

하쿠호도 생활종합연구소의 조사에 의하면 72.4퍼센트에 이르는 일본인이 불안을 느끼고 있다. 이 조사가 실시되었던 2008년 말에는 '1백 년 만의 경제위기'라는 뉴스가 연일 보도되고 있던 무렵이다. "세상에 불안한 일이 많다"고 대답한 사람의 비율이 1992년에 조사를 시작한 이래 최고 수치를 기록한 것은 놀랄 일도 아니다.

하지만 경기가 호전된다고 해서 불안을 느끼는 사람들이 적어지는 것도 아닌 것 같다. '불안'이라는 단어에서 무엇이 연상되는지를 묻는 조사에서는 건강이 가장 많았고, 이어서 연금, 노후, 미래가 그 뒤를 이었다. 출생률 저하가 진행되는 가운데 고령인구의 비율이 높다는 것도 일본이 안고 있는 가장 큰 문제다. 출생률이 낮아지는 한편 고령화가 급속도로 진행되는 일본에서 건강, 연금, 노후, 미래, 이 4가지 문제가 불안감을 초래하는 것은 당연한 일이다.

게다가 이 모든 문제를 해결하기 위해서는 상당한 시간이 걸릴 것 같다. 여기서 자신의 힘으로 어떻게든 해결할 수 있는 것은 '건강' 정도다. 나머지는 정치적인 움직임 없이는 해결될 것 같지 않은 문제들뿐이고, 그 정치 자체가 불안감을 증폭시키는 원인이 되고 있으니 실로 난감한 일이 아닐 수 없다.

자신의 노력으로 어떻게든 해결할 수 있는 건강마저도 뜻대로 되지 않는다. 기름기 많은 튀김이나 고열량의 단 음식을 먹어서는 안 된다는 사실을 머리로는 분명히 알고 있음에도 무심코 과식하게 된다. 좀 더 운동하여 허리에 붙은 지방을 빼야 한다는 의사의 충고를 듣고 의욕에 충만하여 운동복과 런닝화를 구입하지만 늘 그렇듯 흐지부지 끝나버리고 만다. 사정이 이러하니 불안감은 더욱더 늘어날지언정 줄어들기를 기대하기는 쉽지 않을 것 같다.

불안이라는 감정은 불쾌감을 없애기 위해 자신이 어떤 행동을 해야만 하는지 알 수 없을 때, 혹은 안다고 해도 어떤 사정으로 인해 그 행동을 실행할 수 없을 때 발생하는 감정이다. 매주 한 번 헬스클럽에 다니는 사람, 매일 한 시간씩 걷는 사람, 혹은 현미식 · 채식밖에 하지 않는 사람, 이런 사람들은 스스로 어떤 행동을 꾸준히 지속하고 있다는 사실만으로 건강에 관해서는 자신감을 갖게 된다. 매일 걷는다고 해서 병에 걸리지 않는다는 보장은 없다. 그러나 일정한 목적을 위해서 무엇인가를 하고 있다는 것만으로도 불안감은 훨씬 줄어든다.

불안은 '두려움'이라는 감정의 변형이다. 인간은 여러 가지 것에 공포를 느낀다. 죽음, 질병, 실직, 가난, 외로움……. 그렇게 되지 않기 위해서 무엇인가를 하려 해도 해야 할 행동을 선택할 수 없을 때가 있다.

인간은 이럴 때 불안을 느끼는 것이다.

맨 먼저 탄생한 감정은 '두려움'

두려움, 분노, 기쁨, 슬픔, 불안…… 이 같은 감정을 우리 인간이 처음부터 가지고 있었던 것은 아니다. 슬픔이나 기쁨이라는 감정은 두려움이나 분노라는 감정보다 나중에 생겨난 것으로 여겨지고 있다.

현생인류, 즉 지금 지구상에 살고 있는 우리 모두의 공통 조상은 20만 년 전 무렵 아프리카에 살고 있었다고 알려져 있다. 그 이전으로 거슬러 올라가면 약 4백만 년 전 아프리카 사바나에서 두 다리로 걷기 시작한, 그야말로 원숭이에 가까운 용모를 가진 오스트랄로피테쿠스 또는 호모 에렉투스라 불리는 선행인류에 이른다. 이런 선행인류는 물론이고, 20만 년 전에 살았던 우리의 직접적인 조상조차 현대의 우리만큼 복잡한 감정을 가지고 있지 않았을 것이다.

감정에 대해서는 아직 밝혀지지 않은 부분이 많아서 어떤 종류의 감정이 몇 가지나 있는가 하는 기본적인 사항에 대해서조차 연구자들의 의견이 분분하다. 그러나 적어도 처음에 생긴 감정이 공포, 무엇인가를 두려워하는 감정이었다는 것에 관해서는 의견의 일치를 보고 있다.

두려움의 감정은 선행인류뿐 아니라 그보다 훨씬 앞선 조상에 해당하는 초기 포유류, 아마도 1억5천만 년 전 지구에 서식하고 있던 쥐와 같은 형태의 작은 동물도 가지고 있었을 것이다. 왜냐하면 공포를 느낄 수 없었다면 자신을 먹이로 삼는 포식자, 혹은 엄습해오는 폭풍이나 홍수 같은 자연의 위협을 알아차리고 도망칠 수 없었을 것이기 때문이다. 자신을 잡아먹으려고 하는 육식동물을 무섭다고 느낌으로써 다가오는 위험의 징후에 신속하게 반응하고 도망칠 수 있는 것이다.

우리가 공포를 느끼면 뇌의 일부에서 화학물질인 노르아드레날린이 분비되고, 그것이 신경계통을 타고 뇌하수체를 건드려서 내장을 자극하는 호르몬을 혈액 속으로 분비시킨다. 그 자극 호르몬의 영향을 받고 부신에서 아드레날린이라는 호르몬이 분비된다. 그 아드레날린의 작용으로 혈관이 수축된 결과 혈압이 상승하고 심박수가 증가한다.

그로 인해 큰 근육으로 혈류가 기운차게 흘러들어 언제든 달려서 도망칠 수 있는 태세를 갖춘다. 아드레날린은 또 적의 움직임이 잘 보이도록 동공을 확대시키고 대량의 산소를 호흡할 수 있도록 기관지도 확장시킨다. 도망칠 때는 소화기능, 면역기능, 생식기능은 작동할 필요가 없다. 뇌에서 분비되는 노르아드레날린이 이러한 기능을 관리하는 자율신경에 작용하여 모든 기능을 정지시킨다.

그 결과, 공포가 마음에 가득 차 '도망치자!'라는 단 하나의 목적에 집중할 수 있다. 우리의 먼 옛날 조상은 두려워하는 감정을 가질 수 있었던 덕분에 위험이 가득한 세상에서 살아남을 수 있었던 것이다.

'분노'의 감정이 육식으로 이어졌다?

공포와 동시에 분노의 감정도 생겨났다. 분노는 공포를 느꼈음에도 도망치지 못했을 때 필요한 감정이다. 적은 바로 코앞에 들이닥쳤는데 도망친다는 선택지를 선택할 시간적 여유가 이미 사라졌을 때, 노르아드레날린이 대량으로 분비되어 수단과 방법을 가리지 않고 상대를 죽일 수 있을 만큼 강렬한 목적의식이 만들어진다. 조금 상황이 다르지만, '화재가 일어난 곳에서 발휘되는 엄청난 힘'과 같은 것이다. 가슴 가득한 분노로 오로지 상대를 물리치겠다는 일념에 집중하면 엄청난 힘을 발휘할 수 있을지도 모른다. 분노라는 감정이 있다면 자신보다 큰 적을 물리칠 확률도 조금은 높아질 것이다.

아프리카에 살고 있던 우리의 먼 조상의 뇌의 크기는 지금으로부터 2백만 년 전쯤에 이르러 신체 크기에 비하여 훌쩍 커지기 시작했다. 원인 중 하나로 생각할 수 있는 것은 식생활의 변화다. 그때까지 과일이나 나뭇잎, 나무열매 등으로 이루어진 채식 중심의 식사에서 고기도 먹게 된 것이 아닐까 하는 것이다. 인간의 뇌는 체중의 불과 2퍼센트를 차지할 뿐이지만 식사로 얻는 전체 에너지의 20퍼센트를 사용한다. 육식을 시작하게 되면서 양질의 단백질 섭취량이 많아져 뇌가 커지고, 결과적으로 인류는 다른 영장류와는 비교도 할 수 없을 정도로 높은 지능을 가지게 되었던 것이다.

여전히 원숭이에 가까운 얼굴을 하고 있던 우리의 조상이 두려워했던 대형 육식동물로 칼이빨호랑이가 있었다. 지금은 멸종되었지만, 발굴된 두개골을 보면 20센티미터나 되는 긴 송곳니가 돋아 있었던 것을 알 수 있는데 초원에서는 절대로 만나고 싶지 않은 상대였을 것이다.

우리의 조상은 자신들을 덮쳐온 칼이빨호랑이를 운 좋게 죽여서 그 고기를 먹은 뒤부터 육식을 시작하게 되었을지도 모른다. 선행인류는 대형 육식동물에게 공격받기도 하고, 드물게는 그들을 공격하는 경우도 있었기 때문에 공포나 분노의 감정은 어떤 경우든 매우 도움이 되었던 것이다.

'혐오'의 감정은 음식에서 유래했다

영어의 '디스거스트(disgust)'는 '혐오감'이라고 번역되는데, '증오한다' 또는 '미워한다'는 의미와는 조금 뉘앙스가 다르다. '역겨움'이라고도 풀이되는데, 원래는 음식물과 관련된 감정이다. 세균에 오염된 물이나 부패한 음식을 섭취하는 데 대한 공포심이 혐오감이다. 음식이나 음료를 입이나 코 주위에 가져갔다가 그 감정이 느껴지면 입에 대지 않는다. 혹은 입 안에 있는 음식물을 바로 토해냄으로써 죽음을 면할 수 있다.

혐오의 감정은 육식이 시작되면서 강해졌다는 설이 있다. 왜냐하면 부패한 고기에 번식한 세균이 체내로 들어왔을 때의 치사율이 월등하게 높기 때문이다. 현대의 우리가 혐오감을 느끼는 대상 가운데 동물의 사체, 피, 배설물과 관계된 것이 상위를 차지하는 것도 그와 관계가 있지 않을까 싶다. 아마 농업이 시작되어 어느 정도 정기적으로 먹을거리를 수확할 수 있게 된 이후일 것이다. 덕분에 위험한 음식을 먹는 빈도도 줄었을 것이다.

오늘에 이르러서는 썩은 음식물에 대한 혐오의 감정은 자신이 포용할 수 없는 사고방식이나 인간에 대해서도 표현된다. '저 놈은 혐오스럽다' 또는 '저런 수단과 방법을 가리지 않는 업무방식에는 혐오감이 느껴진다'는 식이다. 흥미롭게도 이 같은 말을 하는 사람의 표정을 살펴보면 콧등을 찡그리고 윗입술을 끌어올린다. 이것은 혐오를 느낀 인간이 짓는 만국 공통의 표정이라는 조사 결과가 있다. 썩은 음식물에 얼굴을 가져갔을 때 짓는 표정과 비슷하다는 생각이 들지 않는가?

이 사실을 증명하는 실험도 있다. 실험 참가자에게 ① 이상한 맛이 나는 쓰디쓴 음료를 마시게 한다, ② 오물로 더렵혀진 화장실 사진을 보여준다, ③ 모욕당했다고 느끼게 한다. 이 3가지 상황에서 사용하는 근육을 근전도 검사기로 조사해보았더니, 예외없이 상순비익거근(上脣鼻翼擧筋, 윗입술과 콧방울을 끌어올리는 기능을 하는 근육)이라는 특수한 근육을 사용한다는 사실을 알 수 있었다.

인간은 진화의 역사 속에서 과거에는 죽지 않기 위해 필요했던 감정을, 그와 엇비슷하지만 다른 상황에서 재사용하고 있는 것이다. 두려움, 분노, 혐오…… 이 모든 감정은 부정적이어서 대체로 즐겁지 않은 것들뿐이다. 이미 서술한 바를 다시 한 번 반복하면, 우리의 조상은 이런 부정적인 감정에 의해서 위험이 가득한 세상에서 조금이라도 오래 생존할 수 있었던 것이다.

무의식의 감정을 정동情動이라 한다

두려움, 분노, 혐오라는 감정은 1억 년 이상이나 먼 과거에 살았던, 쥐나 다람쥐 같은 형태를 한 포유류도 느꼈을 것이다. 이렇게 추측할 수 있는 근거는 이런 감정이 만들어진 장소가 포유류에서 처음으로 등장한 뇌이기 때문이다.

지금은 대뇌변연계라 불리는 이 부위는 '포유류의 뇌'라는 별명을 갖고 있다. 대뇌변연계는 파충류가 되어 완성된 까닭에 '파충류의 뇌'라고 불리는 뇌간 바로 위에 있다. 뇌간은 5억 년 전에 등장했던 어류에 나타난 뇌로 호흡, 맥박, 혈압 등 살아가기 위해서 필요한 기본 기능을 수행한다.

공포의 감정을 생성하는 데 관계하는 편도체나 부패한 음식을 불쾌하게 느끼는, 즉 혐오의 감정을 낳는 도피질은 대뇌변연계에 있다.

대뇌변연계에서 공포나 분노의 감정이 생성될 때 우리는 그것을 의식할 수 없다. 무의식적으로 공포가 만들어질 때와 그것을 의식할 때 사이에는 차이가 존재한다. 자신이 공사 현장 바로 옆 보도를 걷고 있다고 상상해보자.

크레인이 철골을 끌어올리는 모습이 얼핏 시야 한쪽에 들어온다. 보행자를 안내하는 화살표를 따라 차도 쪽으로 만들어진 임시보도로 향한다. 그때 갑자기 정체를 알 수 없는 엄청난 굉음이 머리 위에서 들려와서 내딛으려고 했던 오른발을 무의식중에 움츠린다. 그 순간 눈앞에 철골이 떨어져 내린다. '한 걸음 더 내딛었다면 저 철골 아래에 깔렸겠지!'라고 생각한 순간 간담이 서늘해지고 두 다리가 후들후들 떨리며 식은땀이 흐른다. 그제야 비로소 공포를 의식적으로 느끼게 된다. 역사적으로 오래된 대뇌변연계에서, 그 위를 싸듯이 덮고 있는 대뇌신피질로 정보가 전달된 것이다. 그리고 대뇌변연계는 대뇌신피질로 공포의 정보를 보내는 동시에, 무의식중에 몸을 움츠리고 다리를 오므리는 행동을 취할 수 있도록 필요한 부위로 정보를 보낸다.

대뇌신피질은 약 2백만~3백만 년 전 영장류에서 현저하게 발달했다. 특히 선행인류는 이 신피질이 다른 영장류에 비해 특이하게 발달했다. 현재 뇌의 체적 중 대뇌신피질은 포유류의 경우 30~40퍼센트, 원시적인 원숭이는 50퍼센트, 인간은 80퍼센트를 차지한다. 인간의 뇌는 신체 크기가 같은 포유류에 비해 9배까지 크다. 인간이 고도의 문명을 쌓아올릴 수 있었던 것은 대뇌신피질 덕분이다. 계획, 학습, 기억이라는 인지활동이 가능한 신피질이 다른 동물 종에 비하여 크게 발달했기 때문이다.

대뇌변연계에서 만들어지는, 의식할 수 없는 '무의식의 감정'을 정

동(情動)이라 이름하여 그것이 신피질로 전달되었을 때 '의식되는 감
정'과 구별한다. 영어로는 정동을 '이모션(emotion)', 밖으로 드러난
의식할 수 있는 감정을 '필링(feeling)'이라 부르는 경우가 많다. '뇌를
진화 순서에 따라 뇌간, 대뇌변연계, 신피질의 3가지로 무 자르듯이 구
분하는 방식은 지나치게 단순하다. 진화는 선형(線形)이 아니다'라고
비판하는 학자도 있다. 그러나 마음의 구조를 생각하는 틀로는 가치가
있다고 생각된다.

섹스에 사랑은 필요 없다

　기본적 정동 가운데 공포, 분노, 혐오라는 부정적인 정동에 더해 사
랑, 특히 부모가 아이에 대해 품는 애정을 포함시키는 연구자가 많다.
왜냐하면, 뇌의 최대 관심사는 자신이 속한 개체가 가능한 한 오래도
록 생존하고, 가능한 한 많이 번식하도록 하는 데 있기 때문이다.
　이건 아무래도 이상하다. 나는 건강하고 오래 살 수 있으면 좋겠다
고 분명 생각한다. 그러나 나는 자식을 원한다는 생각 따윈 하지 않는
다. 그것은 결국 나의 뇌는 번식하고 싶다고 생각하지 않는다는 것이
다. 요즘 자녀를 두지 않는 부부가 증가하고, 한 가구당 자녀의 수가
점차 감소하고 있는 것은 나처럼 생각하는 사람들이 많아지고 있기 때
문일 것이다. '뇌의 최대 관심사는 자신이 속한 개체가…… 가능한 한

많이 번식하는 것이다'라는 문장에 위화감이 생긴다면, 그것은 당신이 현대인이기 때문이다.

인간은 대뇌신피질의 비율이 어떤 영장류보다도 높기 때문에, 고도의 지식을 가지고 추상적인 것을 생각하고 현실에는 존재하지 않는 것도 상상할 수 있다. 그러나 수백만 년 전에 두 다리로 걷기 시작한 오스트랄로피테쿠스는 물론이고, 언어를 구사했다고 하는 25만 년 전의 (현생인류와 지극히 가까운) 구(舊) 호모 사피엔스조차도 아직 신피질의 발달은 미숙하여 현대인처럼은 생각하지 못했을 것이다. 햄릿처럼 '죽느냐 사느냐, 그것이 문제로다'라는 식의 생각은 하지도 못했을 것이다. 그들의 뇌는 '사는 것'밖에 흥미가 없었기 때문이다.

진화생물학자인 리처드 도킨스가 저술한 『이기적 유전자』라는 책은 세계적 베스트셀러가 되었다. 그는 유전자가 자기번식이 가능하도록 사람의 뇌를 만들었다고 서술하고 있다. 즉, 유전자는 자신이 속하는 생명체가 가능한 한 오랫동안 살고 가능한 한 많이 번식하여 자신(유전자)이 후세까지 살아남도록 우리의 뇌를 프로그램(설계)했다는 것이다. 그리고 뇌는 자신이 속해 있는 인간이 생존하고 번식한다는 목적을 달성할 수 있도록 정동을 만든 것이다.

공포, 분노, 혐오라는 부정적인 감정은 인간이 종으로서 생존하기 위해 안전한 것을 먹고 위험으로부터 몸을 지키기 위해 필요했다. 위험을 알아차리고 싸우는 것을 가능케 한 뇌는 이번에는 생식하고 번식하기 위한 시스템을 만들어야 했다. 뇌는 섹스를 쾌감으로 느끼도록,

다시 말해 '어쩜 이렇게 기분이 좋을까. 이런 것이라면 몇 번이든 하고 싶다'라고 생각하도록 보수계를 만들었다.

좋아하는 음식이나 섹스를 체험할 때, 혹은 체험할 수 있을지도 모른다고 기대할 때 보수계라는 신경회로가 활성화되어 도파민이라는 화학물질이 분비되면, 그로 인해 인간은 쾌감을 얻을 수 있다. 성적 자극을 느끼고 섹스를 하고 싶다는 충동이 일어나서 그것을 실제 행동으로 옮기면 보상(보수)으로 쾌감을 얻을 수 있는 시스템이다. 흔히들 말해왔듯이, 섹스를 하는 데 애정 따윈 필요 없는 것이다.

번식하여 가능한 한 많은 유전자를 후세에 남기기 위해서라면 정동은 필요 없다, 상대가 누가 되었든 생식하고자 하는 충동만 있으면 된다, 그 대가로 쾌감을 제공하자고 뇌가 판단한 것이다.

육아에는 애정이 필요하다

생식은 그렇다 치더라도 번식하여 후세까지 유전자를 남기기 위해서는 아기가 한 사람 몫의 성인으로 성장하여 스스로 생식 행위를 할 수 있을 때까지 키우지 않으면 안 된다.

애정이라는 정동 없이 태어난 아기를 홀로 자립할 수 있을 때까지 키울 수 있을까? 인간의 아이는 태어났을 때는 서지도 못한다. 수유기간도 길고, 혼자서 알아서 먹고살게 되기까지는 오랜 세월을 필요로

한다. 자기 혼자 먹을 음식도 충분하지 않아서 늘 굶어 죽을 가능성이 뒤따르는 위태로운 환경에서 육아라는 희생이 따르는 큰 노동은 애정 없이는 불가능하다. 뇌는 자신이 속한 개체가 유전자를 남길 수 있도록 부모가 아이에게 느끼는 애정을 만들어낸 것이다.

파충류는 그런 애정은 가지고 있지 않다. 왜냐하면 악어를 제외한 파충류의 새끼는 태어난 그 순간부터 부모를 떠나 홀로 살아갈 수 있기 때문이다. 부모의 미니어처로 신체가 작을 뿐, 먹이도 스스로 잡아먹을 수 있다. 육아의 필요성이 없으므로 파충류의 뇌(뇌간)는 새끼를 사랑하는 정동을 만들 필요가 없었던 것이다.

뇌의 시스템이 얼마나 훌륭한지를 강조하기 위해서 덧붙이자면, 임신 후 3개월이 되면 뇌는 고농도의 엔도르핀 또는 엔케팔린이라 불리는 화학물질을 분비한다. 이것들은 '체내에서 생성되는 모르핀과 같은 물질'이라는 의미에서 '뇌내 모르핀' 또는 '체내 아편'이라 불리는데 출산의 통증을 완화시키는 역할을 담당한다. 게다가 환각제에 의한 황홀경에 빠져 있는 상태와 유사하여 아이를 낳는 데 따른 기쁨에 빠질 수도 있다.

네 발로 기다가 두 발로 일어서 걷게 되면서 산도가 굽는 바람에 인간에게 출산은 쉽지 않은 작업이 되어버렸다. 게다가 성인의 뇌를 기준으로 볼 때 같은 크기의 포유류에 비하여 인간의 뇌는 9배나 크다. 다시 말해 태어나는 아기의 머리도 크다는 것이다. 임산부가 굉장히 힘든 난산을 겪고 이제 두 번 다시 임신 따윈 하지 않겠다고 생각하게 된다면 큰일이 아닐 수 없다. 따라서 체내 아편을 분비함으로써 임부의 고통을 가능한 한 경감시키는 구조를 만든 것이다.

지금 막 태어난 아기를 안고 있는 어머니의 뇌내에는 옥시토신이라 불리는 화학물질이 다량으로 분비된다. 그것에 의해서 어머니는 뭐라 형용할 수 없는 편안함과 아기에 대한 조건 없는 무한 애정을 느끼게 된다. 옥시토신은 또 모유가 많이 나오도록 작용하는 역할도 맡고 있다.

여러 번 반복하지만 뇌의 최대 관심사는 인간으로서 생존하고 번식하는 것이다. 그것을 위해 놀라우리만치 정교한 정신과 육체의 시스템을 고안해낸 것이다.

현대에도 위력을 발휘하는 태고의 뇌

무의식의 감정인 정동을 낳는 대뇌변연계는 지금도 강한 힘을 발휘하고 있다. 인간에게 쾌락이라는 보상을 내걸고 특정한 목적을 달성하도록 행동을 부추기는 보수계 시스템도 기본적으로는 대뇌변연계에 속한다. 그리고 이 무의식의 영역은 의식의 영역에 속하는 대뇌신피질의 고차원적 인지활동에 큰 영향을 미친다.

대뇌변연계가 1억5천만 년 전에 등장한 것에 반하여 대뇌신피질은 수백만 년의 역사밖에 가지고 있지 않다. 그 역사적 차이가 오래된 뇌에 선배로서의 힘을 부여하고 있는 것이리라. 무엇보다 대뇌변연계로부터는 원시의 울부짖음이 발신되고 있다. 생명과학자인 야나기사와 게이코(柳澤桂子)는 대뇌변연계로부터 "강한 에너지를 지닌 정보가 발신된다"고 쓰고 있다.

실제로 대뇌변연계와 신피질은 끊임없이 정보를 주고받고 있지만, 대뇌변연계에서 신피질로 보내는 정보량이 압도적으로 많다. 어떻게 이와 같은 사실을 알 수 있는가? 그것은 1990년대의 10년 동안에 신경과학(뉴로 사이언스)이 현저히 발전했기 때문이다. fMRI(기능성 자기공명영상)나 EEG(뇌파계)라는 새로운 기술 덕분에 뇌에 상처를 입히는 일 없이 뇌 속에서 무슨 일이 일어나고 있는지를 외부에서 관찰할 수 있게 되었다.

fMRI는 인간의 건강검진 때 사용하는 MRI와 같은 모양의 기계이다. 그 안에 정지 상태로 누워 있는 피험자의 뇌를 스캔하면 뇌 속의 혈류 변화를 비롯하여 어떤 부위의 신경세포가 활성화되고 있는가를 살펴볼 수 있다.

거짓말하는 소비자들

1990년대 이후 신경과학 분야에서 새로운 실험 결과가 속속 발표되면서 인간은 논리적으로 사고하여 사물을 판단하는 것이 아니라, 실제로는 그 이외의 곳, 다시 말해 정동을 낳는 곳의 영향을 받아서 판단한다는 충격적인 사실이 지적되었다.

예를 들어, 몇 개의 텔레비전 CF를 피험자에게 보여주고 그때 fMRI로 그들이 어떤 CF에 호감을 느꼈는지를 보수계의 활성도로 체크해보는 실험이 있었다. 그 결과와 어떤 CF가 좋은지 피험자 스스로에게 그 순위를 매기도록 한 설문조사의 결과를 비교해보면 차이가 드러났다. 설문조사에서 가장 호감을 느낀다고 대답한 CF를 보고 있을 때 피험자의 보수계는 그만큼 활성화되어 있지 않았다.

왜 그런 거짓말을 하는 것일까? 이 CF를 보고 매우 즐거웠다고 대답하면 혹시 교양 없는 사람으로 인식되는 것이 아닐까 하는 생각으로 의식적으로 거짓말을 했을지도 모른다. 그러나 자기 자신도 깨닫지 못하는 이유로 진실을 대답하지 않는, 혹은 대답할 수 없는 경우도 있을 수 있다. 우리는 자신도 잘 모르는 사이에 무의식의 영역의 영향을 받고 있기 때문이다.

최근 '커스토머 인사이트(customer insight)'라는 말이 곧잘 사용된다. '고객에 관한 것을 이해하는 것'이라고 단순히 번역해서는 본래의 의미가 전해지지 않는다. '인사이트'란 심리학 용어는 왜 그렇게 생각하고, 왜 그런 행동을 하는가, 그 동기(원인)를 탐색한다는 의미다.

진정한 의미에서 고객을 이해하기 위해서는 인간의 무의식적인 마음의 영역에 발을 들여놓지 않으면 안 된다. 따라서 '불안해지면 인간은 왜 물건을 사지 않게 되는가?'라는 질문에 대답하기 위해서 우리는 아주 먼 옛날 우리 조상의 마음의 구조를 탐구하지 않으면 안 된다. 왜냐하면 우리 현대인은 태고 적에 구축된 정신이나 육체의 시스템에 지금까지도 큰 영향을 받고 있기 때문이다.

불안은 두려움의 변형

불안은 공포의 변형이다. 예를 들어 1억5천만 년 전에 살았던 쥐나 다람쥐와 같은 형태의 초기 포유류를 상상해보자. 그들은 지상을 활보하던 공룡을 피하기 위해 밤에 활동하는 야행성이었던 것 같다. 따라서 초기에 발달한 것은 시각이 아니라 후각이었다. 어둠 속에서 적을 알아차리고, 먹을 것을 발견하는 데는 후각이 훨씬 도움이 되었기 때문일 것이다.

그 흔적인지 인간의 후각신경은 당시의 포유류가 가지고 있던 뇌인 대뇌변연계와 직결되어 있다(후각보다 나중에 발달한 시각이나 청각 등의 다른 감각신경은 대뇌신피질과 직결되어 있다). '아로마테라피'라는, 후각에 어필하는 힐링(healing)이 유행하는 것은 그것이 공포나 혐오라는 부정적인 정동과 관계하는 대뇌변연계를 직접 자극하여 치유할 수 있어서일지 모른다.

우리의 먼 조상인 작은 포유류들은 공룡이 6천5백만 년 전에 돌연 사라질 때까지는 거대한 발에 밟힐 것을 두려워해서인지 나무 위에서 살았다. 지금의 나무 위에서 사는 다람쥐처럼 작은 나뭇가지나 나무껍

질을 사용하여 나무 줄기 사이에 둥지를 만들었을지도 모른다.

머릿속에 그림을 그려보자. 그 소형 포유류가 먹이 조달을 위해서 보금자리에서 나오려 하면서 코를 킁킁거리자 뭔가 이상한 냄새가 난다. 어떤 동물의 냄새다. 그러나 동료가 아닌 것만큼은 분명하다. 보금자리에서 나오지 않는 것이 낫겠다고 생각하지만, 냄새의 정체가 분명하지 않아 정확한 결단을 내릴 수 없다. 이대로 집에 숨어 있다고 해도 자신보다 몸집이 큰 동물이라면 나뭇가지로 만든 둥지 따위 간단히 부숴버릴지도 모른다. 도망치는 것이 좋을까? 아니면, 상대가 알아차리지 못할 것을 기대하고 몰래 숨어 있는 것이 좋을까? 과감하게 둥지에서 나와 싸워야 할까? 우리의 먼 조상은 어떤 행동을 취해야 할지 몰라서 쇠사슬에 꽁꽁 묶인 듯이 몸을 움츠린다. 이 애매한 상태가 불안이다.

불황 중에는 외출을 삼가고 오로지 세상(둥지 밖)이 원래 상태로 되돌려지기를 기다리는 소비자의 모습과 일맥상통하는 부분이 있다. 그런 의미에서 '둥지 속에 틀어박힌 소비(외출하지 않고 집안에서 모든 것을 해결하려는 소비행동)'라고 이름을 붙인 것은 정말 적절하다는 생각이 든다. 단, 불안을 느끼는 지속 시간에는 옛날과 현재 사이에 큰 차이가 있다.

옛날에는 불안을 느껴도 단 10분

적의 움직임을 살피면서 둥지 속에서 몸을 움츠린 소형 포유류의 불안은 길어 보았자 10분 정도였을 것이다. 이 정도 길이의 불안은 다음 행동에 대한 마음의 준비를 갖춘다는 의미에서도 생존을 위해 필요한 감정이었다. 지금도 불안이라는 감정은 우리에게 경계심을 가지도록 하는 좋은 효과가 있다. 예를 들어 '최근 날치기 사건이 빈번히 일어난다'는 뉴스를 들으면 뉘엿뉘엿 해가 저물 무렵 홀로 길을 걸을 때 불안을 느끼고 주위를 두리번두리번 살피게 된다. '부당인출 사기가 많으니 홀로 생활하는 고령자는 특별히 주의하지 않으면 안 된다'는 뉴스를 보면 전화 벨소리만 들려도 불안해져 조심하게 된다.

단시간에 나타났다가 사라지는 불안은 생존에 필요한 감정이다. 그런데 현대를 사는 인간은 이 같은 불안을 몇 시간은커녕 경우에 따라서는 몇 개월, 몇 년간 지속적으로 느끼는 상황에 빠져 있다. 분자생물학자인 존 메디나(John Medina)는 몇 십만 년 전 우리의 조상의 경우 "칼이빨호랑이가 동굴 입구에 있다고 해도 그냥 지나쳐갈 때까지 불안에 떨었던 시간은 30~60초였을 것이다. 그런데 우리가 사는 집 현관 앞에 칼이빨호랑이가 몇 년 동안이나 꼼짝도 않고 죽치고 앉아 있다면 어떨까? 불안이 그처럼 오랜 시간 동안 계속된다면 병에 걸리고 말 것"이라 말한다.

우울증, 불안 장애, 공황 장애 등 마음의 병을 앓는 사람들이 증가한 것은 우리의 뇌가 현대의 환경에 아직 적응하고 있지 못하기 때문이라고들 한다. 2백만 년 전 무렵에 시작되었다고 간주되는 구석기시대에 살고 있던 선행인류 시절부터 우리는 진화 역사의 99퍼센트 이상을 수렵채집 생활로 꾸려왔다. 농업문명이나 공업문명이 성립된 이후의 역사는 1퍼센트도 되지 않는다. 우리의 뇌는 아직 무리를 이루어 수렵채집 생활을 하고 있었던 무렵에 적응한 마음의 구조에서 현대 환경에 맞는 구조로 바뀌지 않은 것이다.

불황이 닥쳐오면 우리는 불안감을 안고 둥지 속에 틀어박힌다. 그리고 경계심을 늦추지 않은 채 꾹 참고 경기회복을 기다린다. 그러나 앞에서 이미 서술하였듯이 우리가 불안하게 느끼는 것은 경기만이 아니다. 건강, 노후, 미래…… 막연한 불안을 앞으로 몇 년, 아니 몇 십 년이나 끌어안고 살아가는 것이다. 이런 불안에 덜덜 떨고 있는 소비자들에 대하여 기업은 어떻게 대응하면 좋을까? 미래를 걱정하여 저축을 늘리고 소비를 꺼리는 소비자들에게 어떻게 물건을 팔 수 있을까?

'고객의 목소리에 한층 귀를 기울이는 것'으로 불확실한 시대를 극복하겠다고 선언하는 경영자도 있다. 지금의 시장에서 고객지향의 방침은 기업 전략의 토대가 되며 '고객의 목소리에 귀를 기울인다'는 말은 너무나 당연해서 식상할 정도다. 그러나 고객의 의식이 발신하는 목소리에 귀를 기울여도 고객의 무의식의 동기는 이해할 수 없다. '값이 싸면 사겠다'는 고객의 말만 믿고 낮은 가격으로 마케팅 전략을 세우지만, 바로 그 고객이 비싼 다른 상품을 아무런 주저함도 없이 선뜻 구입하는 현상을 어떻게 이해하면 좋을까?

기능이 많으면 사용하기 불편하다는 사실을 잘 알면서도 그래도 이왕이면 보다 많은 기능이 달린 상품이 이득이라고 판단한다. '한정 1백 개' 혹은 '곧 품절 예감'이라는 말이 지금까지 수없이 사용되어 왔다는 사실을 잘 알고 있지만, 그래도 그 상투적인 선전 문구에 이끌려 줄을 선다. 개성을 중시하는 것처럼 보였는데 제복을 좋아하고, 타인과 같은 차림이나 화장을 선호한다.

소비자가 하는 말은 온통 모순이다. 그 행동은 이해 안 되는 것들뿐이다. 이런 '터무니없는 소비자'의 목소리에 귀를 기울일 것이 아니라 냉철한 커스토머 인사이트를 손에 넣어야 한다. 달리 말하면 우리의 뇌가 아득하게 오랜 시간에 걸쳐서 만들어낸 '정신과 육체의 시스템'에 대하여 공부해야만 하는 것이다.

제 2 장

인간도 원숭이도 '얻는' 것보다 '잃는' 것을 신중하게 생각한다

아인슈타인보다 위대한 과학자는?

「사이언티픽 아메리칸(Scientific American)」이라는 잡지가 있다. 1845년에 창간된 이후 지금까지 그 권위와 역사를 인정받고 있는 세계적인 대중 과학 잡지이다. 이 잡지가 '과거 천 년 동안 활동한 과학자 중 가장 큰 영향력을 가진 과학자'로 상대성 이론을 제창한 아인슈타인이 아니라 진화론을 완성한 찰스 다윈을 선택했다. 기사 제목은 '미안합니다. 아인슈타인!'

다윈은 원래 아버지의 뒤를 이어 의사가 되려고 했다. 하지만 당시는 아직 제대로 된 마취술이 등장하기 전이었고, 마취 없이 진행되는 수술의 참혹함에 혐오감을 느낀 다윈은 도중에 의사의 길을 포기해버린다. 그리고 그 뒤 우여곡절 끝에 선택한 학문으로 '천 년에 한 명'의 과학자로 선택되었다.

1859년에 출판된 『종의 기원』에서 다윈은 '모든 생물은 공통의 선조를 가지며, 그중 환경에 가장 잘 적응한 종은 살아남아 다음 세대에 그 유전적 특징을 전하는 반면, 환경에 적응하지 못한 종은 그 유전적 특징과 함께 점차 도태된다'는 '자연선택(자연도태)설'을 발표했다. 이어서 다윈은 '인간과 원숭이의 조상은 같다'는 내용을 담은 『인류의 유래와 성선택』도 출판했다.

진화론은 신이 모든 생물을 창조했다는 기독교식 사고로는 용납할 수 없는 것이어서 당시 영국 성공회는 다윈의 이론을 배척하고 비난했다. 그러나 2008년 다윈 탄생 2백 주년을 맞이해서 영국 성공회는 진화론 배척에 대해 '지나친 과잉방어이며 합리적이지 못한 처사였다'고 공식적으로 사과의 뜻을 밝혔다.

이와 같은 변화는 2003년에 인간의 게놈(DNA로 구성된 유전 정보), 2005년에 침팬지의 게놈이 해독되면서, 인간과 침팬지는 DNA의 불과 1.2퍼센트만이 다른, 약 5백만~7백만 년 전에 같은 조상으로부터 갈라져 나온 역사적으로는 가까운 친척이라는 사실이 밝혀지는 등 다윈의 진화론을 뒷받침하는 현대과학의 개가가 이끌어낸 결과라고 할 수 있겠다.

직립보행은 '쿨 비즈'와 같다

진화론의 핵심은 '변화하는 환경에 가장 잘 적응하는 종이 그 유전자와 함께 자연선택에 의해서 살아남는다'는 것이다. 예를 들어, 오스트랄로피테쿠스나 호모 에렉투스라 불리는 선행인류가 직립하게 된

과정을 자연선택설로 설명해보자. 종전에는 도구를 사용하기 위해 손이 필요했기 때문에 직립하게 되었다는 설이 일반적이었다. 그러나 1980년대에 아프리카에서 선행인류의 발자국화석과 뼈가 발굴되면서, 인류는 적어도 도구를 사용하기 2백만 년 전부터 이미 두 다리로 보행했다는 사실이 밝혀졌다. 지금은 아프리카 사바나의 뜨거운 태양광선으로부터 몸을 지키기 위해서 서서 걷기 시작했다는 설이 가장 힘을 얻고 있다.

두 다리로 서서 걸으면 네 발로 엎드려 걸을 때보다 태양 광선에 노출되는 신체의 표면적이 적어진다는 가설을 증명한 과학자가 영국의 생리학자 피트 휠러(Pete Wheeler)이다. 그의 계산에 의하면 네 다리 보행은 두 다리 보행 때보다 태양 광선에 60퍼센트나 더 많이 노출된다고 한다. 또한 지표면에서 멀어질수록 바람의 속도가 빨라지기 때문에 직립함으로써 더 시원함을 느낄 수 있었다고 한다. 발굴된 화석이나 뼈로 봤을 때 인류는 3백만~350만 년 전에 이미 직립 보행했다고 추정된다. 이 무렵 선행인류의 신장은 약 1미터였는데, 지표면에서 1미터는 떨어져야 바람을 느낄 수 있다. 당시 인류가 엎드려서 네 다리로 걷는 데는 하루에 약 2.8리터의 물이 필요하지만, 두 다리로 걷는 데는 약 1.7리터만 있어도 충분했으리라는 추론을 가능케 하는 실험 결과도 있다.

지금으로부터 4백만~5백만 년 전, 빙하기의 영향으로 아프리카의 숲의 면적은 크게 줄어든다. 그에 따라 인류는 먹을거리를 찾아 지상을 이동해야 했는데 직립보행으로 더 멀리까지 이동할 수 있었다. 또한 휠러는 나뭇가지에 매달려 나무에서 나무로 이동하는 원인(猿人)은 이미 직립 자세로 옮겨갈 준비가 되어 있었다고도 추측한다.

사바나를 서서 걷게 되면서 직사광선에 노출되는 신체 표면적이 적어진 선행인류에게 뜨거운 열로부터 신체를 보호해주던 털은 더 이상 필요하지 않았다. 따라서 신체를 덮고 있던 체모는 점차 줄어들기 시작했고, 결국 태양 광선을 그대로 받는 머리 윗부분의 체모, 즉 머리카락만 남게 되었다. 이는 현대인이 더위를 피하기 위해 여름에는 넥타이를 풀고 반팔 셔츠를 입는 '쿨 비즈(cool biz)' 차림을 하는 것과 같은 이치다. 여기에 덧붙여, 맨살에서 땀을 흘림으로써 얻는 냉각 효과를 위해 체모가 줄어들었다는 설도 있다. 이렇게 인간은 환경에 적응하면서 자연선택을 거치는 동안 체모가 없으며 두 다리로 걷는, 다른 영장류에서는 그 예를 찾아볼 수 없는 현생인류로 진화한 것이다.

'질투' 덕분에 민주주의가 실현되었다

1970년대에 들어 "진화 과정이 오늘날 우리 몸의 구조를 만들었다면, 그것은 마음의 구조가 만들어지는 데도 작용했을 것이다"라고 생각하는 과학자들이 등장한다. 진화심리학자라고 불리는 그들은 신체와 마찬가지로 현대인의 복잡한 마음의 구조에 대해서도 환경에 적응해가는 진화 역사로 설명할 수 있다고 생각한다.

예를 들어, '질투'라는 감정은 선행인류가 무리를 이루고 사회생활을 영위하게 된 이후, 새로운 환경에 적응하기 위해 만들어낸 감정이다. 즉, 공포와 혐오 같은 무의식의 감정과 달리, 의식적인 사고에 영향을 받는 감정인 것이다. 따라서 대뇌변연계가 아니라 대뇌신피질에 의한 처리를 훨씬 많이 필요로 한다. 진화심리학자들은 이런 고차원적인 인지적 감정은 인류가 점점 더 복잡해지는 사회 환경에 매끄럽게 적응하도록 자연선택에 의해서 설계되고 탄생했다고 본다.

"질투는 민주주의의 기본이다." 영국의 철학자 버트런드 러셀이 남긴 말이다. 조금 더 풀어서 설명하면 질투는 민주주의를 실현시키기 위한 추진력이며, 질투 그 자체는 그다지 좋은 감정은 아니지만 보다 공정한 사회 시스템을 위해서는 참아서는 안 되는 감정이라는 것이다. 즉, 질투라는 감정의 탄생으로 집단 내의 공정함이나 공평함이 유지되게 되었다.

질투는 무리를 이루는 다른 영장류에서도 흔히 볼 수 있다. 어느 실험에서 무리를 지은 원숭이 모두에게 오이를 주었다. 모든 원숭이가 오이를 먹는 데 열중했으며 매우 만족스러워했다. 그런데 한 마리에게만 다른 음식, 예컨대 포도 등을 주자 다른 원숭이들은 더 이상 오이를 먹지 않았다. 공평한 대우를 받지 못했다는 사실에 분노를 느꼈는지 자신이 먹고 있던 오이를 과학자에게 집어던지는 원숭이도 있었다고 한다.

이 실험 결과만으로 질투가 집단의 구성원들 사이에서 공평함이나 공정함을 촉진하는 원동력이 되고 있다고는 보이지 않는다. 다만 원숭이 또한 '저 녀석에 비해 내가 손해를 보고 있다'는 사실을 본능적으로 느끼고 있는 것처럼 보인다. 하지만 인간의 경우는 다르다. 사냥감의 분배 방식만 봐도 질투라는 감정이 집단의 민주주의 실현에 어떤 도움을 주었는지 쉽게 이해할 수 있다.

집단생활이 질투심을 낳았다

선행인류가 조직적으로 수렵생활을 시작한 것은 약 50만 년 전으로 추정된다. 그 무렵부터 급속히 뇌의 크기가 커지기 시작했는데, 수렵 군단 같은 것을 조직하여 동물을 사냥할 수 있게 되면서 단백질도 정기적으로 섭취할 수 있었기 때문인 것으로 추측된다. 물론 사냥을 위해 무리를 이루어 전략을 짜고, 구성원간의 역할을 조정함으로써 계획, 학습, 기억이란 인지활동을 관장하는 신피질이 현격히 성장했다고도 할 수 있다. 어느 쪽이 달걀이고 어느 쪽이 닭이냐를 따지는 격이지만 아마 상호작용하지 않았을까 싶다.

수렵을 위한 무리는 10~20명 정도로 구성되었을 것이다. 인간이 공통 목표를 달성하는 데 가장 효율적인 규모로, 오늘날에도 군대의 최소 단위, 회사의 프로젝트 팀, 단체의 이사회, 축구나 야구 같은 스포츠

팀에서도 볼 수 있는 규모다. 하나가 되어 전략을 세우기 쉽고 실행하기도 쉽다. 사냥감을 에워싸는 데 충분한 인원이고, 서로 다른 재능(빨리 달리거나, 힘이 세거나, 시력이 좋은)을 가진 개인이 모여 집단으로서의 위력을 발휘할 수 있다. 그런데 이렇게 무리 생활을 하는 경우, 사냥한 매머드나 멧돼지의 고기를 어떻게 배분하느냐가 문제가 된다. 우두머리나 조정자 역할을 하는 사람이 획득물을 공평하게 나누지 않고 어느 한 사람에게만 더 많이 주면 그 사람은 시기의 대상이 되고 다른 구성원들에게 경원당하게 될 것이다.

그러나 맹수가 우글대는 초원에서 무리를 벗어나 혼자 생활한다는 것은 죽음을 자초하는 행동이 된다. 혼자서는 먹을거리를 찾는 것도 어려워 굶어 죽기 십상이다. 따라서 비록 사냥감을 포획하는 데 자신이 다른 구성원보다 훨씬 더 큰 공을 세웠다고 생각해도 어지간한 것은 참고 동등한 분배를 받아들인다. 즉, 불평등을 없애기보다 어느 한 사람이 특출하게 부각되는 것을 방지하기 위해 '질투'라는 마음의 구조가 생겨난 것이다.

왜 인간 사회는 평등에 집착하는가

질투는 기본적으로 동성(同性), 같은 연령, 같은 계층의 사람, 즉 자신과 비슷한 사람에게 느끼는 경향이 있다. 사냥할 때 무리 중 누구보다 돌을 잘 던져 사냥감의 급소를 맞출 확률이 높은 사람이 있다고 가정해보자. 그 명중률은 다른 구성원의 두세 배 정도가 아니라 누구나 인정할 수밖에 없을 정도로 탁월하게 높다. 그가 사냥에 참가하느냐, 안 하느냐에 따라 사냥의 성공 여부가 갈린다. 그 정도 재능의 소유자라면 다른 구성원의 2배 분량을 분배받아도 질투하지 않을지 모른다.

아니면 스스로 미끼가 되어 칼이빨호랑이를 함정까지 유인하는 역할을 맡겠다고 나서는 남자가 있다고 해보자. 자칫 잘못하면 20센티미터나 되는 길고 날카로운 이빨에 물려 비참하게 죽을지도 모르는데 말이다. 그의 경우 성공하면 아주 용감한 사람으로 인정받고, 남들보다 3배나 많은 양을 나눠주어도 아무도 불평하지 않을 것이다.

이처럼 여간 특출한 능력을 발휘하지 않고서는 불평등은 용납되지 않는다. 그러나 대부분의 구성원은 고만고만한 능력을 가지고 있다. 그중 누군가가 사냥에 도움이 되었는가, 아닌가는 순전히 운이나 우연에 좌우된다. 따라서 모두가 불평하지 않고 평등하게 배분을 받는 것이다. 인간 사회가 다른 영장류 무리에 비해 계급이나 계층이 적고 평등주의에 집착하는 경향이 강한 것은 질투라는 감정을 능수능란하게 이용했기 때문이라고 할 수 있다.

기후 변동으로 숲이 축소되면서 우리의 조상은 숲에서 초원으로 진출하게 된다. 아프리카 초원에서 생존하려면, 육식동물의 습격에서 살아남아야 했기에 무리도 지었다. 나아가, 지속적으로 무리의 평화를 유지하기 위해서는 질투라는 감정도 필요했다. 새로운 환경에 적응해 가는 형태로 마음의 구조가 진화한 것이다.

한편, 수렵에서 뛰어난 능력을 발휘한 두 사람의 남자는 그만큼 많은 몫을 분배받고, 충분한 영양을 취함으로써 자기 자신을 보다 오래 생존시킬 수 있었다. 간단히 말해, 오래 살았다. 그리고 분배받은 고기의 일부를 여성에게 선물함으로써 번식에 유리한 위치를 차지했다. 다시 말해 그들은 많은 아이의 아버지가 되어 사냥감을 돌로 명중시키는 데 필요한 동체시력이나 용기를 후세에 전할 유전자를 남기는 데 성공한다. 이것이 『이기적 유전자』를 저술한 리처드 도킨스의 방식으로 표현한 자연선택 이론이다.

이처럼 마음의 구조가 진화해온 과정을 되짚어보면 현대인의 사고방식과 행동방식을 쉽게 이해할 수 있다. 여기서는 최근 주목받고 있는 행동경제학의 기본적인 사고방식을 예로 들어 오늘날의 사람들이 보이는 행동 경향이 왜 어떤 배경에서 나타나게 되었는지 살펴보고자 한다.

불안과 손실회피성은 뇌의 같은 곳에서 만들어진다

행동경제학은 1979년 「전망 이론(prospect theory)」이 발표되면서 세상의 주목을 받기 시작했다. 심리학자 대니얼 카너먼(Daniel

Kahneman)과 아모스 트버스키(Amos Tversky)가 함께 쓴 이 논문은 위기의 상황에서 결정이 어떻게 내려지게 되는가에 대한 내용을 담고 있다. 이 두 사람은 행동경제학의 주요 테마라 할 수 있는 '휴리스틱(heuristic)'과 '프레이밍 효과(framing effects)'에 관한 여러 논문을 발표했고, 2002년에 카너먼이 노벨경제학상을 수상하면서 행동경제학의 인기는 단숨에 뛰어오르게 된다.

전통적인 경제학은 인간은 자신의 이익을 최대화하기 위해 합리적인 선택을 하는 존재라고 설명한다. 행동경제학은 이런 사고에 이의를 제기하며 인간이 논리적으로 이치에 맞지 않는 불합리한 의사결정을 하는 일은 자주 있는 일로, 전통적 경제학이 주장하는 바대로 예외적 현상이 아니라고 주장한다.

행동경제학의 기본 개념 중 하나로 손실회피성이 있다. 전통적 경제학에서는 손실과 이득의 크기가 같을 때 손해로 느끼는 불만족감과 이득으로 느끼는 만족감이 동등하다고 한다. 그러나 행동경제학에서는 비록 손실과 이득의 크기가 같을지라도 인간은 손실을 이득보다 크게 느끼며, 따라서 인간에게는 손실을 회피하려는 경향이 있다고 주장한다.

자동판매기에서 주스를 사려고 꺼낸 5백 원짜리 동전이 미끄러져 자판기 아래로 굴러 들어갔다고 가정해보자. 손을 넣어 찾아보지만 꽤나 깊숙히 들어갔는지 찾을 수가 없다. 그래도 단념하지 못하고 몇 번이고 손을 넣어 찾으려고 애쓴다.

비록 5백 원에 불과한 푼돈일지라도 잃어버리면 인간은 매우 분한 감정을 느낀다. 그 불쾌감은 자동판매기 옆에 떨어져 있던 5백 원짜리 동전을 주웠을 때 느끼는 쾌감보다 훨씬 크다. 카너먼은 인간은 손실을 같은 금액의 이득에 비해 2~2.5배나 더 크게 느낀다고 말한다. 그래서 인간은 손실을 회피하려고 하는 것이다. 이것이 행동경제학에서 말하는 '손실회피성'이다.

'손실회피성'과 '불안'이라는 감정은 인간 심리의 동일한 경향을 다른 관점에서 묘사한 것이라고 할 수 있다. 손실회피성이라는 성질을 일으키는 뇌의 부위는 불안이나 공포 같은 부정적인 감정을 낳는 곳이다. 즉, 행동경제학으로 증명된 인간의 비논리적이고 불합리한 행동의 수수께끼는 불안을 낳는 마음의 구조를 조사함으로써 밝혀낼 수 있다.

애매함과 공포는 같다

캘리포니아 공과대학의 콜린 캐머러(Colin Camerer) 교수는 경제학과 신경과학, 심리학을 접목시킨 '신경경제학'의 문을 연 개척자 중 한 사람이다. 14세에 벌써 유명 대학에 수학 전공으로 입학한, 이른바 신동이었다. 이후 기대에 어긋나지 않게 21세에 경제학 박사 학위도 취득한다.

캐머러 교수는 취미로 경마를 즐기다 위기나 의사결정의 문제에 지대한 관심을 갖게 되고, 그 연구 테마의 일환으로 '인간은 애매함을 두려워한다'라는 내용과 관련된 매우 흥미로운 실험을 시도한다. 바로 빨간색과 검은색 카드의 색깔을 맞추는 돈 내기 게임이었다.

첫 번째 실험에서는 피험자에게 빨간색 카드의 수와 검은색 카드의 수를 미리 알려주었다. 예를 들어 빨간색 카드가 20장이고 검은색 카드가 10장이라고 알려주면, 빨간색 카드가 나올 확률이 얼마인지 계산할 수 있다. 처음에 빨간색 카드가 나오면 그 다음에 각각의 카드가 나올 확률이 얼마인지도 계산이 가능하다.

두 번째 실험에서는 한 세트의 카드 속에 빨간색과 검은색 카드가 몇 장씩 들어 있는지 가르쳐주지 않는다. 검은색 카드만 있을지도 모르고, 절반씩 있을지도 모른다. 이 경우는 확률을 수치로 표현할 수 없다.

한편 첫 번째와 두 번째 실험 내내 돈을 건 피험자의 뇌 기능을 fMRI으로 관찰했다. 결과는 카드의 확률을 계산할 수 없는 애매한 상태인 두 번째 실험의 경우 대뇌변연계의 편도체와 안와 전두 피질(신피질 가운데서도 가장 고차원적인 인지기능을 가진 전두전야와 연결되어 있다)이 현저히 활성화된 것으로 나왔다. 이 실험 결과로 캐머러 교수는 '뇌는 애매한 상황을 좋아하지 않는다. 무슨 일이 일어날지 모르면 편도체는 공포의 정보를 전두엽 안와피질로 전달한다'고 지적하고, 이때 전두엽 안와피질은 편도체에서 만들어진 공포의 감정이 지나치게 강할 경우 '그 정도로 두려워하지 않아도 된다'고 억제하는 역할을 맡고 있다고 덧붙였다.

인간은 확률(수치)로 나타낼 수 없는 예측 불가능한 상황에 놓였을 때 공포를 느끼는 듯하다. 도망쳐야 할지 싸워야 할지 선택할 수 없는 애매한 상황에 놓인 태고 적 초기 포유류나 오스트랄로피테쿠스가 느끼던 불안은 공포의 변형이라고 앞에서 지적한 바 있다. 이 실험으로 그것이 증명된 것이다. 뇌는 불확실성이 높은 환경에 처했을 때 두려움과 불안을 느낀다.

'모처럼 잡은 매머드'를 잃을 공포

대니얼 카너먼은 어느 잡지 인터뷰에서 이렇게 말한다.

"인간은 지금 자신이 소유한 것을 잃는다는 것에 공포심을 느낀다. 설령 그 가능성이 매우 낮더라도 무엇인가를 잃을 수도 있다는 가능성만으로도 공포를 느끼는 것이다. 그 공포의 감정이 논리적 사고를 방해한다."

심리학자인 카너먼은 공포가 인간의 근원적인 정동이라는 것을 잘 알고 있었다. 따라서 공포의 감정이 인간의 논리적 사고를 방해하는 원인이라는 사실을 통찰할 수 있었던 것이다.

인간은 현재 상황이 매우 나쁘지 않은 한 현재보다도 상황이 나빠질지 모른다는 가능성을 두려워해서 어떻게든 현재의 상태를 유지하려고 노력한다. 바로 행동경제학에서 말하는 현상유지 편향(status quo bias)이다. 95퍼센트의 확률로 15퍼센트 금리를 얻는다는 유리한 투자거리가 있더라도 5퍼센트의 원금 손실 가능성 때문에 15퍼센트 금리를 포기하고 1퍼센트 금리의 예금을 선택한다. 대단히 불합리한 행동이다.

인간은 원금을 잃을 수도 있다는 가능성만으로 투자에 대한 두려움을 느낀다. 그래서 그 감정을 대뇌변연계의 편도체가 논리적 사고를 하는 신피질에 전한다. 그런데 대뇌변연계에서 신피질로 전달한 정보량이 신피질에서 대뇌변연계로 전달하는 정보량보다 많기 때문에 대부분의 경우 대뇌변연계에서 느끼는 공포의 감정이 더 큰 영향력을 발휘한다. '짭짤한' 투자보다도 '안전한' 정기예금을 선택하는 것이다.

수렵채집시대는 매일이 굶주림과의 싸움이었다. 희생자까지 내면서 간신히 매머드 한 마리를 잡았다고 한들, 언제 다시 귀중한 단백질원인 고기를 손에 넣을지 알 수 없었다. 이런 상황에서는 현재 자신이 소유하고 있는 것을 잃지 않는 것이 새롭게 무언가를 획득하는 것보다 훨씬 현실적이다. 그래서 손실에 대한 두려움을 느끼는 것이다.

굶어 죽지 않는 것이 가장 큰 목적이었던 생활환경에서 발달한 성질이 손실회피성이다. 그런데 이 손실회피성은 왜 농경문명이나 공업문명이 발달하여 기아로부터 해방된 지금에도 건재한 것일까? 이유는 간단하다. 농업시대 이후의 역사는 길어봤자 수렵채집시대 역사의 1퍼센트에도 미치지 못하기 때문이다.

인간과 똑같은 손실회피성을 보이는 꼬리감기원숭이

인류의 조상인 영장류 또한 손실회피성을 가지고 있었음을 증명하는 실험이 있다. 예일대학의 키스 첸(Keith Chen) 경제학 교수가 지능이 매우 높은 남아메리카산 꼬리감기원숭이를 대상으로 한 실험이다. 꼬리감기원숭이와 인간이 진화 과정에서 나뉜 시점은 약 4천만 년 전으로 추측된다.

키스 첸 교수는 우선 원숭이에게 원형 칩을 건네고, 칩 한 장으로 사과 한 조각이나 포도 한 알, 또는 젤리 하나와 교환할 수 있다는 사실을 가르쳤다. 화폐경제를 교육시킨 것이다. 그러고 나서 12장의 칩을 주고 좋아하는 음식과 자유롭게 교환할 수 있음을 인지시켰다. 그리고 원숭이가 이런 교환 기준에 익숙해진 시점에는 교환할 수 있는 사과의 크기를 2배로 키웠다. 즉, 사과 값을 절반으로 떨어뜨린 것이다.

또한 동시에 원숭이에게 지급한 칩의 수를 12장에서 9장으로 줄였다. 그랬더니 포도나 젤리보다 사과의 수요가 현격히 증가했다. 이는 인간 사회에서의 소비경제 이론과 완전히 똑같았다.

이제부터가 본격적인 실험이다. 실험은 다음과 같이 3단계로 나뉘었는데 3단계의 실험을 진행하는 동안 원숭이는 두 사람의 판매자 중 반드시 한 사람의 물건을 선택해야만 한다.

제 1단계: 판매자 A는 칩 하나에 사과 한 조각을, 판매자 B는 사과 두 조각을 제공한다. 대신 판매자 B는 전체 거래의 절반은 원숭이가 이미 칩을 건넨 단계에서 사과를 한 조각만 제공한다. 즉, 원숭이가 사과 두 조각을 얻을 확률은 50퍼센트이다. 그래도 원숭이는 판매자 B가 종합적으로 이득이 된다고 판단하고 판매자 B를 거래상대로 선택했다.

제 2단계: 사과를 한 조각만 제공하던 판매자 A가 전체 거래의 절반은 원숭이가 칩을 건넨 단계에서 덤으로 사과 한 조각을 더 제공한다. 이때 판매자 B는 제 1단계에서와 마찬가지로 사과 두 조각을 보여주기는 하지만 실제로 전체 거래의 절반은 한 조각만을 준다. 이 경우 원숭이가 최종적으로 얻을 수 있는 손실과 이득은 같다. 판매자 A를 선택하든 판매자 B를 선택하든 원숭이가 사과 두 조각을 얻을 확률은 50퍼센트이다. 그러나 원숭이는 판매자 A를 거래상대로 선택했다.

제 3단계: 판매자 A는 덤으로 얹어주던 사과를 주지 않고, 판매자 B는 여전히 실제로 상품을 주는 단계에서 사과 한 조각만 주는 방식을 유지한다. 이 경우에도 손실과 이득의 확률은 같지만 원숭이는 판매자 A를 압도적으로 선호하게 되었다.

제 2단계와 제 3단계 실험에서 원숭이의 행동은 분명 손실회피성을 보여주고 있다. 제 2단계에서 사과 두 조각을 손에 넣을 확률은 어느 쪽 판매자든 같다. 그런데 판매자 B는 원래라면 두 조각을 건네야 하는 것을 한 조각으로 줄인다. 원숭이는 손해를 보았다고 느낀다. 반대로 판매자 A는 확률 50퍼센트로 사과를 한 조각 더 덤으로 준다. 원숭이는 이득을 보았다고 느낀다. 이득을 볼 확률도 손해를 볼 확률도 똑같은 50퍼센트이지만, 원숭이는 손해를 보지 않는다고 생각되는 쪽을 선택한다.

제 3단계의 실험에서도 판매자 B의 판매 방법이라면 본래 자신이 받을 것이라고 생각했던 두 조각이 한 조각이 되어버리기 때문에 원숭이는 손해를 보는 듯이 느낀다. 판매자 A의 경우는 손해도 이득도 없다. 그러나 원숭이도 인간과 같이 손실을 이득보다 크게 느끼기 때문에 판매자 A를 거래상대로 선택한다. 인간과 꼬리감기원숭이라는 두 종의 영장류에게서 이 성질이 공통적으로 관찰된다는 것은 손실회피성이 영장류에게 공통되는 특성이며, 환경에 적응하여 자연선택된 것이라고 결론지을 수 있다.

꼬리감기원숭이는 낮잠을 자는 것 외엔 하루의 대부분을 식량을 찾는 데 소비한다. 무엇이든 일단 먹어 둔다. 과일, 나무열매, 꽃은 물론 벌레, 거미, 새알까지도. 매일이 굶주림과의 전쟁인 환경에서 살아가는 지적 동물에게는 얻는 것보다 손실을 피하는 게 중요했다. 이 선택 경향은 그들이 살고 있던 환경에 적절한 것이었다.

농업문명이 이러한 환경을 바꾸고 공업문명이 포식의 시대를 초래했다고 해도, 기나긴 진화의 역사 속에서 발달해온 성질이 몇 천 년 혹은 1만 년 만에 바뀔 수는 없다. 따라서 인간은 앞으로도 당분간 현대

사회 환경이나 생활 모습과는 어울리지 않는 불합리한 행동을 계속하게 될 것이 예상된다.

9천 원의 샴푸를 사면 이득일까

불황이 되면 우리는 불안을 안고 둥지에 틀어박힌다. 이 불황이 언제까지 이어질까? 얼마나 더 나빠질까? 미래를 예측할 수 없기 때문에 결국 자신이 맞닥뜨린 불황의 정체를 더 알 수 없다. 그리고 그 때문에 불안을 느끼며 지금 갖고 있는 것을 잃을까 더욱 경계하게 된다. 손해를 보지 않기 위해 조심하고 움츠러드는 것이다. 그렇다면 과연 불안해하는 소비자의 마음은 어떻게 움직일 수 있을까? 저가전략이 그 답이 될 수 있을까?

가치와 가격을 저울에 달아봤을 때, 가치가 가격을 앞지른다면 당연히 '사는 게 이득'이라 판단하고 구입한다는 논리가 이치에 맞다. 그런데 실제로 소비자는 그렇게 논리적이고 합리적이지 못하다. 아니, 그보다 소비자는 원래 그 상품이 어느 정도의 가치가 있는지 판단할 수 없다.

9천 원짜리 샴푸가 있다고 가정해보자. 소비자는 어떻게 이 샴푸가 9천 원의 가치가 있다고 판단할 것인가? 나란히 진열돼 있는 유명 브랜드의 샴푸가 1만2천 원이기 때문에 이 상품은 9천 원의 가치가 있다고 판단하거나, 아니면 옆에 놓인 7천 원짜리 상품 패키지보다는 조금 더 고급스러워 보이기 때문에 9천 원 정도의 가격이면 적당하다고 판단하는 것이다.

행동경제학의 출발점이 된 전망 이론에서도 밝히듯 인간은 절대적 수준에서 가치를 결정하지 않는다. 예컨대, 바겐세일을 하기 전의 원래 가격(기준이 되는 가격)과 비교해 이득을 결정하고 가치를 따진다. 기준(reference point)으로부터의 변화가 손실을 초래하는가, 이득을 초래하는가에 따라서 가치가 커지기도 하고 작아지기도 한다.

실제로 대부분의 경우, 소비자는 가격으로 그 상품의 가치를 판단한다. 싸면 '싼 게 비지떡'이라고 생각하고, 반대로 비싸면 품질도 좋을 (가치도 높을) 것이라 직감적으로 판단한다.

고가의 와인은 맛있다고 느낀다

가격이 가치를 판단하는 근거가 된다는 사실을 증명하는 실험 결과도 있다.

미국의 스탠포드대학에서 실시된 실험으로 피험자에게 다섯 종류의 레드와인을 마시도록 했다. 실험을 시작하기 전에 피험자들에게 먼저 와인의 가격도 알려줬는데, 5달러짜리 와인을 45달러로, 90달러짜리 고가 와인을 10달러짜리 상품이라고 속인 거짓 정보였다. 또한 다섯 종류를 시음할 것이라고 하고는 실제로는 세 종류의 와인을 다섯 번에 나눠 제공했다. 결국 피험자는 거짓 가격 정보를 진짜로 알고, 똑같은 와인을 다른 와인이라고 알고 시음했다. 시음 결과, 피험자 전원이 비싼 가격으로 알려준 와인이 맛있다고 대답했다. 여기까지는 흔한 실험이다. 정작 중요한 것은 지금부터다.

실험 중 와인을 맛보고 있는 피험자의 뇌 속을 fMRI로 관찰해보았더니 가격이 높은(높다고 알려준, 그러나 실제로는 값이 싼) 와인을 맛보고 있을 때 보수계가 활성화됐다.

인간은 맛있는 음식을 먹거나 먹을 수 있을 것이라는 기대만으로 보수계가 활성화되어 도파민이 분비되고 쾌감을 얻을 수 있도록 되어 있다. 보수계가 활성화되었다는 사실은 피험자들이 정말로 맛있다고 느꼈다는 것을 뜻한다. '값이 비싸니까 맛있겠지'라고 논리적으로 생각하여 답한 것은 아니라는 얘기다. 뇌가 정말 맛있다고 느끼고 기뻐한 것이다!

이 실험에서 알 수 있듯이 소비자는 가격에 근거해 지각(知覺) 가치를 결정한다. 가격이 비싸면 실제로 높은 가치를 느낄 수 있는 것이다. 그러니 기업이 저가정책을 내세우는 것은 '우리 상품은 이 만큼의 가치밖에 안 됩니다'라고 선전하는 격이 될 수 있다. 기업 입장에서야 '본래 2만 원짜리 상품을 30퍼센트나 할인하여 1만4천 원밖에 받지 않으니 고맙게 생각하시오' 같은 생색내기까지는 아니더라도 소비자가 적어도 기뻐하리라고 기대한다. 하지만 정작 소비자가 느끼는 기쁨은 처음 가격이 인하됐을 때뿐이다. 시간이 흐르면 곧 예전의 가격 따위 깡그리 잊고 만다. 그리고 새로 책정된 싼값에 걸맞은 가치를 느끼게 되는 것이다.

구매를 결정하는 것은 '쾌감'과 '불쾌감'

소비자가 구매를 결정할 때, 뇌가 어떻게 움직이는가를 조사한 실험도 있다. 이 실험에서는 우선 책, 게임, DVD 등 상품 80점의 사진을 보여주고, 각 상품의 사진 바로 뒤에 가격을 보여주어 그 상품을 살 것인가 말 것인가를 결정하게 했다. fMRI는 상품의 사진을 볼 때, 가격을 볼 때, 구매를 결정할 때의 각 단계마다 뇌를 스캔하여 촬영했다.

실험 결과 구매 욕구를 자극하는 상품이 등장하면 보수계 중 외부에서 가해지는 자극을 받아들이는 측좌핵이 활성화되고, 가격이 적정한지를 평가할 때는 신피질인 전두엽 일부가 활성화되었으며, 가격이 지나치게 높다고 판단하면 혐오감과 통증 등 불쾌감에 관계하는 도피질이 활성화된다는 것을 알 수 있었다. 그러니까 예를 들어 측좌핵과 전두엽이 활성화되고 도피질이 침묵할 때는 구매를 통해 얻는 기쁨이 돈을 지불하는 데서 오는 고통보다 크다고 뇌가 판단하고 있다는 것을 알 수 있다.

다시 말해 소비자는 쾌·불쾌(快·不快)의 감정을 기준으로 구매 여부를 판단하게 된다. 그런데 쾌감을 낳는 측좌핵과 불쾌감을 낳는 도피질 모두 포유류 단계부터 생성된 대뇌변연계에 속해 있다. 즉, 구매 결정에는 논리적 사고를 하는 신피질의 전두엽은 그다지 영향력이 없다는 결론이다.

가격이 너무 비싸다고 생각하면 통증이나 불쾌감을 느끼는 도피질이 활성화된다는 사실은 이미 대부분의 실험에서 증명되었다. 그러나 저가 상품이 뇌의 어느 부위에 쾌감을 느끼게 하는지는 아직 밝혀진 바가 없다. 다만 쾌감을 느끼는 보수계의 자극을 받는 측좌핵이 포함된 선조체(corpus striatum)는 새로운 자극에 익숙해지면 활성도가 떨어진다는 사실은 알려져 있다. 결국 낮은 가격에 익숙해진 고객의 쾌감을 다시 일으켜 구매의욕을 증대시키기 위해서는 더 싼 가격을 책정하지 않으면 안 된다는 이야기다.

좀 더 싸게, 더 싸게…… 고객의 요구는 더욱더 강해질 뿐이다. 종국에는 고객의 구매의욕을 자극하기 위해선 상품을 공짜로 주는 방법밖에 없을지도 모른다.

키워드는 '안심'

불경기에는 매장 판매 매출은 떨어져도 인터넷의 판매 매출은 변함이 없거나 오히려 증가한다. 그 이유로 인터넷이라면 같은 상품이라도 저렴한 가격으로 구입할 수 있다거나, 일정량 이상을 구입하면 배송비가 무료라거나, 교통비가 들지 않는다, 등의 금전적인 요인들만 강조된다. 그러나 일본과 미국 모두 인터넷쇼핑을 선호하는 이유가 단지 낮은 가격 때문만은 아니라는 사실이 조사 결과 밝혀졌다.

히토츠바시대학과 가격비교 사이트 가가쿠닷컴(http://kakaku.com)의 공동조사 결과를 봐도, 온라인 구매자가 다양한 사이트에서 가격을 비교해보고 반드시 가장 싼 가격을 제공하는 사이트에서만 물건을 사는 것은 아니었다. 대부분의 온라인 구매자에게는 특별히 선호하는 구매 사이트가 있었다. 실제 거래도 가격과 무관하게 자신에게 익숙한 사이트에서 이루어졌다. 미국에서 시행된 다수의 조사에서도 바겐헌터(bargain hunter, 싸고 질 좋은 물건을 찾아다니는 사람)는 전체 온라인 구매자의 10퍼센트 이하에 불과하며, 대부분의 온라인 구매자는 거의 자신이 주로 거래하던 사이트를 이용한다는 결과가 나왔다.

그렇다면 왜 불황일수록 유독 인터넷 판매의 인기가 더 높아지는 것일까? 이유는 '집에서 할 수 있는 편리한 쇼핑'이기 때문이다. 자신이 가장 안심감을 느끼는 집(둥지)에서 쇼핑할 수 있다는 것이다. 소비자는 금전적 이득뿐 아니라 안심감도 추구한다. 따라서 가격보다도 신뢰할 수 있고 익숙하게 이용할 수 있는 단골 사이트를 이용한다는 결과가 나오는 것이다.

이 책 앞머리에서 소개한 하쿠호도 생활종합연구소의 조사에 의하면, 일본인의 44.2퍼센트가 가장 원하는 것으로 '안정적인 생활'을 꼽고 있다. 안심감이 확정되는, 즉 안심감을 장기적으로 느끼고 싶어 하는 것이다. 미래를 예측할 수 없는 불안한 사회가 장기화될수록 익숙하고 유행을 타지 않는 상품이 안정적으로 팔린다. 가격이 반드시 싸지 않아도 지금까지 구매해서 써온 익숙한 상품이나 서비스라면 손해는 보지 않을 것이라는 안심감을 얻을 수 있기 때문이다.

보금자리에 틀어박힌 인간도 고독은 싫다

기업이 마케팅전략으로 무조건 저가 정책만을 내세워 금전적인 이득만을 강조할 일이 아니다. 대신 유행을 타지 않고 꾸준히 팔리는 상품임을 선전해서 안심감을 제공하는 광고 메시지를 발신해야 한다.

'지금 동굴 밖에 칼이빨호랑이가 있을지 모른다. 그래도 문제없다. 내가 있으니까' 같은 안심을 주는 메시지가 필요하다. 혹은 '밖에 칼이빨호랑이가 도사리고 있다. 그래도 걱정하지 말라. 당신이라면 이길 수 있다'며 어깨를 톡톡 다독여주고 격려하는 메시지도 좋다.

하지만 '밖에 칼이빨호랑이가 있으면 어쩌지? 우리 모두 칼이빨호랑이에게 잡아먹힐지도 모른다' 같은, 안 그래도 불안한 소비자를 더 겁먹게 만드는 광고 메시지는 절대 삼가야 한다.

면접시험을 보러 갔는데, 마침 면접관이 아침부터 부부싸움을 하고 기분이 언짢은 상태다. 아마 그날 면접을 보는 사람들은 낮은 점수를 받을 가능성이 크다. 왜냐하면 부정적인 기분일 때는 긍정적일 때보다 타인을 더 낮게 평가하는 경향이 있기 때문이다. 반대로 기분이 좋을 때는 같은 사람도 더 호의적으로 보일 수 있다.

그런데 똑같이 부정적인 기분이라도 불안을 느낄 때는 또 다른 결과를 부르기도 한다. 인간은 불안할 때에는 낯선 사람에게도 친근감을 갖는 경향이 높다는 사실이 심리학 실험을 통해 밝혀졌다. 누군가를 그리워하는 마음은 수십만 년 전, 아프리카 초원에서 생활하던 시절의 흔적이라 할 수 있다. 당시는 가능한 한 많은 사람과 무리를 짓는 것이 포식자의 공격을 피할 수 있는 방법이었다. 즉, 불안할 때는 유전자에 깊이 각인된 기억이 불현듯 되살아나 본능적으로 낯선 사람과도 친해지려고 하는 것이다.

심한 불안감을 느낄 때는 자신이 안심할 수 있는 둥지(집)에서도 혼자 있는 것이 싫다. 집에서도 누군가와 소통하고 싶은 것이다. 따라서 미래가 불투명하고 불안정한 시대는 불안한 소비자와 교감할 수 있는 절호의 기회가 될 수 있다. 불안한 소비자의 마음에 안심을 제공하는 광고 메시지를 전하고 감정적인 유대관계를 형성하는 것이다. 저렴한 가격만을 장점으로 내세워 판매한다면 진만 빼고 말게 된다. 저가전략만으로는 경기 싸이클이 불안정한 불확실성의 시대를 넘어설 수 없다.

제 3 장

부자 아버지는 가난한 아버지가
너무 신경 쓰인다

행복 상대성 이론

자신의 연봉이 동료보다 적은지 많은지에 대해 신경 쓰지 않는 사람은 하나도 없을 것이다. '나의 업무 내용에 견줘 적당한 연봉을 산출한다. 나는 절대 금액 이상의 연봉을 받고 있다. 따라서 만족한다.' 이렇게 삼단논법을 동원해 논리적으로 판단하는 사람은 매우 드물다. 많은 사람들이 비슷한 일을 하는 비슷한 연령대의 동료와 자신의 연봉을 비교한다. 그리고 그 사람보다 연봉이 많으면 행복해하고, 그 사람보다 적으면 불공평하다며 불만스러워한다. 결국 누군가와 비교한 '상대 금액'으로 자신의 만족도가 결정되는 것이다.

예를 들어 다음 두 가지 상황 중 당신은 어느 경우에 '행복하다'고 느끼는가?

① 당신은 2백만 원을 버는데 동료는 1백만 원을 벌고 있다.
② 당신은 능력을 인정받아 월급이 3백만 원으로 인상됐다. 그리고 동료의 월급은 4백만 원으로 인상됐다.

이와 비슷한 조사는 자주 실시되었는데, 대부분의 사람들은 ①의 경우가 더 행복하다고 대답했다. '행복은 돈으로 살 수 없다'고 흔히들 말하는데, 정말 진리가 아닌가. 월급의 절대 금액이 대폭 인상됐음에도 행복을 느낄 수 없으니 말이다.

돈과 행복과의 관계에 흥미를 갖는 경제학자들은 시대를 막론하고 늘 존재해서, 수입에 따른 행복지수를 알아보는 조사는 자주 실시되어 왔다. 조사 방법에 따라 전혀 다른 결과들이 나오기도 했지만, 개인의 수입과 행복지수와의 관계에선 절대적인 금액보다 상대적인 금액이 더 중요한 것 같다. 즉, 2년 전보다 얼마나 많은 돈을 벌고 있는가, 하는 것이 자신이 2년 전보다 행복한지 아닌지를 결정하는 기준이 된다. 그리고 그보다 더 중요한 판단 기준은 '자신이 남보다 얼마나 많은 돈을 벌고 있는가'이다.

부자의 소비를 억제하는 죄책감

'깊은 가을 밤 이웃은 무엇을 하는 사람일까' 유명한 하이쿠 시인인 바쇼가 읊은 것처럼, 인간은(바쇼처럼 세속에서 벗어나 풍류를 즐기던 사람조차도) 주위 사람들의 생활 모습을 매우 신경 쓰는 사회적 동물이다.

소득의 양극화는 점점 심해지고 있는데, '부자'라는 사람들은 부정한 수단으로 부자가 될 수 있었던 것은 아닐까, 권력을 행사했나? 아니면 그저 운이 좋았던 것일까? 운이라면 그런 행복을 누릴 자격이 있는 사람인가? 이렇게 가난한 사람들이 부자를 부러워하고, 시기하고, 곱지 않은 눈으로 바라보는 모습은 충분히 상상이 간다. 사람들은 자기 일도 아닌데 별 시시콜콜한 것들에 신경을 쓰고 있다. 그런데 가난한 사람들만 부자들을 신경 쓰는 것일까? 절대 그렇지 않다. 실제로는 부자도 가난한 사람의 생활에 영향을 받고 있다.

예를 들어, 불황이 되면 일용품을 절약할 필요가 없는 소득층까지도 평소 다니던 고급 슈퍼마켓이 아니라 저렴한 가격으로 유명한 대형 할인 매장 같은 데 가서 물건을 산다. 그리고 생필품이 아닌 의복이나 핸드백, 액세서리 등의 소비를 끊어버린다. 이처럼 고소득자의 저가 상품 지향이나 구매 보류는 저소득층의 구매 보류보다 매출에 더 큰 타격을 준다.

경제적으로 여유가 있는 사람의 구매 회피는 국가 경제에 있어 더 어려운 사태를 초래한다. 그런데 텔레비전을 켜면 직장을 잃고 살 곳마저 없는 사람들이 보이고, "이들이 지금 우리 사회의 희생자다" 같은 해설자의 코멘트가 흘러나온다. 그러면 대부분의 부자는 죄책감 같은 것을 느끼고 지금까지의 쇼핑 스타일을 바꾸려고 애쓴다.

왜냐하면 인간은 주위의 생활 모습뿐 아니라, 주위의 의견도 신경 쓰는 사회적 동물이기 때문이다.

개가 고양이로 보이는 시스템

인간은 주위 사람들의 생각에 상상 이상으로 지대한 영향을 받는다. 10명이 있다. 그중 자신을 제외한 나머지 9명이 동그라미를 네모라고 말한다. 또 개를 보고 고양이라고 말한다. 그러면 남들 말이 진짜일지도 모른다고 생각하게 된다. 설마 이런 말도 안 되는 어처구니 없는 일이 있을까? 누구든 비웃어버리고 말 것이다. 그러나 다음에 소개하는 솔로몬 애쉬와 그레고리 번스의 실험 결과를 보면 그 생각은 완전히 바뀌게 될 것이다.

제 2차 세계대전 이후, 독일에서 자행된 유태인 대학살의 실상이 속속 밝혀지면서 심리학자들은 그동안 독일 국민에게 일어난 일에 경악을 금치 못했다. 극히 평범한 시민이 태연하게 나치의 사상에 순종하고, 유태인 말살 방침에도 동조한 것이다. 이렇듯 양심이 있고 선량한 사람도 집단의 구성원이 되면 마치 악마에게라도 홀린 듯 이성을 잃게 되는 것은 대체 어떤 이유 때문일까?

집단 속에서 개인이 어떻게 생각하고, 어떻게 느끼고, 어떻게 행동하는가를 연구하는 사회심리학자들은 몇 가지 새로운 실험을 시도한다. 그중에서도 유명한 실험이 솔로몬 애쉬(Solomon Asch)의 '동조 실험'이다.

솔로몬 애쉬는 8명의 실험 참가자에게 먼저 길이의 차이를 분명하게 알 수 있는 막대선 3개가 나란히 그려진 카드와 막대선 하나가 그려진 카드를 보여줬다. 그러고 나서 3개의 막대선 중 다른 카드에 그려진 막대선과 같은 길이의 막대선을 고르게 했다. 아주 간단한 문제로 오답 확률은 1퍼센트 이하이다. 그런데 이 실험에 참가한 8명의 피험자 중 7명은 '가짜' 피험자로 일부러 틀린 답을 말하도록 지시받았다. 이 경우 진짜 피험자는 다른 7명이 말한 틀린 답에 동조한다. 결과적으로 통상 0.7퍼센트의 오답률이 37퍼센트로 현저히 높아졌다.

이 실험은 참가자의 수만 달리하여 여러 번 실시됐다. 그 결과 밝혀진 사실은 다음과 같다.

① 가짜 참가자가 7명이든 2명이든 그 절대적인 수와 상관없이 인간은 자신만 타인과 다른 의견을 갖는 것을 꺼린다.
② 7명 중 한 명이라도 자신과 같은 대답을 하면 내 편이 있다는 생각에 자신감이 생기는 것인지 오답률은 대폭 낮아진다.

이 실험 결과를 어떻게 해석하는가에 따라 심리학자들의 주장은 두 가지로 갈렸다. 한 가지는 명백하게 틀린 대답을 선택한 것은 주위를 신경 쓰기 때문일 것이다. 자신만 다른 대답을 하는 것이 거북했을 것이다. 즉, 피험자는 의식적으로 거짓말을 하고 있다는 것이다. 그리고 그 반대 주장이 다수 의견에 반응해서 인식 자체가 변했다. 그래서 틀린 답을 정말 옳다고 인식한다. 즉, 동그라미를 네모라고, 개를 고양이라고 '진짜로' 생각하게 된다는 것이다.

이 논쟁은 어느 쪽이 옳은지 가려지지 않은 채 50년간 계속되었다. 그런데 1990년대 신경과학계에서 fMRI를 사용할 수 있게 되면서 이 논쟁도 종지부를 찍게 되었다.

뇌는 다수의 의견을 따른다

fMRI를 사용하게 되면서 인간의 행동이나 심리에 관한 정말 많은 발견이 있었다. 그러나 fMRI는 여전히 개선해야 할 점이 많은 기술이다. 뇌를 관찰하는 동안 피험자는 머리를 고정한 채 꼼짝없이 누워 있어야만 한다. 따라서 실험 내용에 따라 제약이 생기기도 한다.

예를 들면 제 2장에서 소개한 바 있는 와인을 시음하는 동안의 뇌내 반응 관찰 때도 마찬가지다. 이 실험에선 정확한 실험을 위해 따로 튜브를 통해 와인을 입 안에 주입시키는 장치를 제작해야 했다. 때문에 피험자들이 와인의 맛이나 향을 제대로 음미하고 얻은 실험 결과인지 의문을 제기하고 싶어진다.

게다가 신경세포(뉴런)는 1천 분의 1초 단위로 0.1밀리미터의 범위에서 활동하는데, fMRI는 1~4초 간격으로밖에 촬영할 수 없다는 문제도 있다. 그럼에도 불구하고 심리학자 그레고리 번스(Gregory Berns)는 fMRI를 이용해 50년 동안 이어져온 논쟁에 종지부를 찍을 수 있었다.

2005년에 실시한 실험에서 번스는 솔로몬 애쉬의 실험과 달리 직선이 아닌 도형을 사용했다. 그리고 진짜 피험자 한 사람을 제외한 나머지 4명의 참가자에게 일부러 틀린 답을 말하게 했다. 진짜 피험자만 fMRI 안에 들어가서 같은 방에 있는 다른 4명이 대답하기를 기다린다. 그리고 집단의 결론을 알게 된 시점에서 3초가 지난 뒤 피험자는 제시된 도형을 보고 같은 도형인지 아닌지를 대답한다.

이 실험은 피험자를 달리해 32회 반복했다. 이 실험에서도 진짜 피험자는 거짓말을 하는 다른 피험자에게 영향을 받아 틀린 대답을 선택했다. 오답률은 41퍼센트. 솔로몬 애쉬의 실험과 비슷한 수준으로 높았다.

틀린 대답을 할 당시 피험자의 뇌 활동을 관찰해보면, 도형을 보고 있기 때문에 당연한 일이지만 시각정보를 처리하는 기능이 집중해 있는 머리 뒤쪽에 있는 후두엽이 활성화되었다. 이때 중요한 사실은 의식적으로 거짓말을 할 때 관계하는 전두엽의 전두전야의 활성도가 매우 낮아졌다는 것이다. 즉, 피험자는 의식적으로 거짓말을 하는 것이 아니라, 실제로 틀린 답을 옳다고 생각한다. 정말 동그라미를 네모라고 생각하는 것이다. 실로 놀라운 일이 아닐 수 없다.

인간은 왜 이토록 주위의 의견에 영향을 받는 것일까? 게다가 무의식적으로 영향을 받고 있다! 힌트는 집단의 틀린 답을 듣고서도 그것에 영향을 받지 않고 옳은 답을 한 피험자의 뇌를 찍은 영상에 있었다. 어떻게 보면 집단의 의견에 저항했다고 할 수 있는 피험자의 뇌에서는 부정적인 정동에 관계하는 편도체가 활성화되어 있었다(편도체가 있는 대뇌변연계는 무의식의 영역이다). 즉, 상당한 스트레스를 받고 있음을 의미한다. 다시 말해 개인이 집단의 의견에 순응하는 이유는 다수의 의견에 따르려는 무의식이 있기 때문이라고 해석할 수 있다.

인간은 협력하지 않으면 생존할 수 없다

우리가 주변 사람들의 생각과 행동에 신경을 쓰는 이유는, 여러 번 반복해 말한 바와 같이 인간이 사회적 동물이기 때문이다. 그런데 사실 우리의 먼 조상은 특별히 원해서 집단을 이룬 것이 아니다.

1천5백만 년 전 무렵부터 아프리카의 숲에서 살기 시작한 유인원은 혈연 중심의 작은 무리로 생활했다. 사회생활이라기보다는 가족생활에 가까웠다. 그들의 머릿속은 먹을 것을 구하는 것과 섹스 생각뿐으로, 반드시 지켜야만 하는 약속도 거의 없었다. 과일, 잎사귀, 나무열매, 새알, 벌레. 잡을 수 있다면 작은 원숭이도 먹었다. 특별히 좋아하는 먹을거리를 고를 수는 없어도 본능에 따르기만 하면 되는, 어떤 의미에서는 아주 마음 편한 생활이다.

그러나 빙하기의 차갑고 건조한 기후의 영향으로, 먹을거리를 구하기 위해서는 안전한 숲에서 나와 평원에서 생활하지 않으면 안 되게 되었다. 허허벌판인 초원에서는 포식자로부터 공격을 받을 위험이 더 커질 수밖에 없다. 신변의 안전을 위해서 어느 정도 큰 무리를 만들 필요가 있었다. 4백만~5백만 년 전의 일이다.

영국의 인류학자이자 진화생물학자이기도 한 로빈 던버(Robin Dunbar)는 무리의 규모와 대뇌신피질의 크기에는 서로 상관관계가 있다고 생각했다. 대뇌신피질은 고도의 인지활동을 하는 인간에게 가장 발달한, 발생계통적으로 새로운 뇌이다. 그리고 인간에 가장 가까운 영장류인 침팬지의 무리는 50마리 정도다. 던버는 이를 통해 대뇌신피질이 다른 영장류보다 현저히 커진 2백~3백만 년 전 무렵까지 인간의 무리는 150명 정도로 구성되었으리라 추정했다.

150명 정도의 무리는 혈연관계를 중심으로 몇 세대가 모인, 구성원 개개인의 얼굴과 평판, 성격, 상대와 자신의 관계를 충분히 숙지할 수 있을 정도의 규모이다.

무리의 구성원이 증가한다는 것은, 그만큼 인간(호모 에렉투스)관계가 복잡해진다는 것을 의미한다. 예를 들어 A, B, C, D, E, 이렇게 5명이 있다. 이때 A와 일 대 일의 관계만 보아도 경우의 수는 4가지이다. 그런데 A가 무리에서 원활히 지내고 싶다면, B와 C는 사이가 좋지만 B와 D는 싸움을 한 적이 있다, E는 C와 형제이다, 등등의 정보를 알고 있는 게 좋다. 실제로 일 대 일의 관계 이외에도 A와 B, C, 세 사람은 늘 함께 행동하고 D와 E 두 사람은 왠지 거리가 있다는 식으로 파벌 같은 것이 형성되어 있기도 하다. 그런 관계들을 고려하면 5명에 불과한 집단이지만 그 안의 인간관계는 상당히 복잡하게 얽혀 있다는 사실을 알 수 있다.

수렵시대 무리의 구성원은 10~20명 정도였을 것이라 추측된다. 만약 당신이 20명으로 구성된 수렵군단의 한 사람으로서 일 대 일의 관계만 갖는다고 해도, 당신은 자신을 제외한 19명 각각의 성격이나 평판을 알아야 한다. 구성원 수가 150명으로 늘어나면 관계는 무려 1만 1,175가지로 늘어난다. 인간의 신피질 사이즈가 커진 이유는 복잡해진 사회적 관계를 처리하기 위해서였다고도 생각할 수 있다.

상조정신은 일종의 보험

수렵생활 당시 인간(호모 에렉투스)의 머릿속을 가득 채웠던 주요 테마는 생존과 생식이었다. 생존을 위해서는 음식을 통해 양분을 섭취하지 않으면 안 된다. 따라서 무리의 중대한 문제 중 하나가 포획한 사냥감을 어떻게 배분하느냐였을 것이다. 하지만 누구나 납득할 수 있는 공평한 배분법 따위는 존재하지 않았다. 심심치 않게 먹을거리를 둘러싼 다툼이 벌어지고 심한 경우 죽는 사람도 생겼을 것이다. 결국 지금의 영장류 무리에서 볼 수 있는 계급 제도가 만들어지고 우두머리가 결정한 배분 방식에 따름으로써 무리 내의 폭력 사태는 줄게 된다. 또한 구성원들 사이에 식량을 유통하고 서로 도울 필요성도 생겼을 것이다.

호모 에렉투스 무리 중 한 남자가 상처를 입고 사냥에 참가하지 못했다고 가정해보자. 2년 전에 남자의 아이를 낳은 여자는 그동안 과일이나 나무열매를 따와 남자에게 나눠주었지만, 어제 사냥에서 돌아와 많은 고기를 배분 받은 남자에게 아이를 데리고 가버렸다. 이런 상태라면 남자는 굶어 죽게 된다.

그러나 남자의 형제에 해당하는 한 남자가 고기를 나눠주었다. 친절한 마음에서가 아니다. 수렵채집 생활에서는 기후, 질병, 자연재해라는 자신들로서는 도저히 어찌할 수 없는 예측 불가능한 일에 생활사가 좌우된다. 오늘은 저 사람이 굶어 죽을 지경이지만, 내일은 나 자신이 그렇게 될지도 모르는 일이다. 바로 "이번에 나를 도와주었으니 다음 번에는 내가 도와줄게"라는 상조정신이 탄생한 배경이다. 조금 뉘앙스가 다를지도 모르지만 '호혜성(互惠性)' 또는 '이타성', 경우에 따라서는 '호혜적 이타성'이라 불리는 사고방식은 현대인이 생각하는 배려심이나 친절과는 다르다. 일종의 보험이다. 자신이 어려운 일을 당했을 때 도움을 받기 위해서 상대가 난처한 일을 당했을 때 도와주는 것이다. 그리고 이런 협력적 행동을 촉구하기 위해서 뇌는 새롭게 '죄책감'과 '수치'라는 감정을 만들어냈다.

'부끄럽다'는 감정은 집단 협력관계를 강화한다

구약성서에 따르면, 인간은 '죄책감'과 '부끄럽다'는 감정을 동시에 발견한 것이 된다.

5일 동안 천지를 창조한 하나님은 6일째 되는 날에 인간을 만들었고, 땅에서 남자인 아담을 만들고 아담의 갈비뼈로 여자인 이브를 만들었다. 두 사람은 즐겁게 놀며 생활할 수 있는 에덴동산에서 살고 있었다. 그런데 하나님은 '선악을 알게 하는 나무(선악과)'의 열매만은 먹어서는 안 된다는 명령을 내렸다. 그런데 뱀의 꾐에 넘어간 이브가 그 열매를 먹고, 이어서 아담도 이브의 속삭임에 넘어가 선악과를 먹고 만다. 그러자 눈이 뜨이면서 자신들이 벌거벗고 있다는 사실을 깨닫고 이에 수치심을 느낀 나머지 무화과 나뭇잎으로 부끄러운 곳을 가린다. 그리고 인류 최초의 죄를 범한 두 사람은 에덴동산에서 추방당하고 만다.

부끄러움이나 죄책감과 같은 도덕적인 감정을 다른 영장류는 가지고 있지 않다. 원숭이는 동료를 속이고 식량을 갈취하거나 훔치는 행위를 부끄럽다거나 나쁘다고 생각하지 않는다. 원숭이를 관찰하는 연구자들은 거짓으로 천적이 왔음을 알리는 울음소리를 내어 동료를 놀라게 한 후 떨어뜨린 음식을 주워 먹거나, 혹은 맛있는 먹을거리를 발견하고도 동료에게 알리지 않고 몰래 혼자만 먹는 광경을 자주 목격했다.

이런 행위를 들키면 원숭이는 동료들로부터 된통 혼쭐이 난다. 그러고 나서 다음 번에는 동료와 먹을거리를 나눌지도 모른다. 그러나 들키지 않은 경우에는 역시 혼자 독차지할 것이다. 자신이 생존하기 위해서다. 지금 먹지 않으면 굶어 죽을지도 모르는 생활을 하는 생물의 뇌는 생존율을 높이는 행위에 죄책감을 느끼도록 프로그램되어 있지는 않을 것이다.

　그렇다면 왜 유독 인간만 부끄러움이나 죄책감이라는 '자기 이익에 해가 되는' 감정을 가지게 된 것일까? 집단을 단위로 생각할 때, 협력관계가 견고한 집단이 협력관계가 약한 집단에 비해 전체적으로 생존율과 번식률이 높아지기 때문이다. 부끄러움이나 죄책감을 느끼도록 뇌 구조를 진화시켜온 개인들이 모여 구성된 집단은 견고한 협력관계를 형성할 수 있고, 다른 집단과의 다툼에서도 승리하며 점차 커갈 수 있었다.

'죄책감'은 신용할 수 있는 인간이라는 증거

　호혜적 협력관계를 형성해갈 때는 상대가 신용할 수 있는 사람인지를 우선적으로 파악해야 한다. 한정되어 있는 먹을거리를 오늘 상대에게 나눠주는 것은 언젠가 자신이 곤란할 때 상대도 자신처럼 똑같이 음식을 나눠줄 것이라는 믿음이 있기 때문이다. 밥 먹듯이 거짓말을 하는 인간은 먹을 것을 받을 때는 온순히 있다가도, 다음에 그 자신이 먹을 것을 나누어줘야 할 때는 '나는 당신에게 멧돼지 고기를 받은 기억이 없다'며 시치미를 뗀다. 양심의 가책 따위는 먼나라 이야기다. 그런 점에서 죄책감이나 부끄러움을 느끼는 인간은 신용할 만하다.

　거짓말을 하면 죄의식으로 안절부절못하게 되거나 거짓말이 들통나면 얼굴이 빨개지는 것은 상대에게 '나는 양심이라는 것이 있는 신용할 만한 인간'이라는 신호를 보내는 것이다. 사소한 거짓말을 지적받고 양볼이 발갛게 물드는 상태를 보고는 '이 사람은 신용할 수 있겠구나' 하고 생각하게 된다. 반대로 '나는 거짓말하지 않았다', '나는 당신을 속이지 않았다'며 드러내어 선언하는 사람일수록 신용할 수 없다. 지금 정치가가 남발하고 있는 공약과 같은 것이다. 일단 선거에서 당선되면 얼굴을 붉히지도 않고 태연히 공약을 깨버린다. 이렇듯 얼굴이 두꺼운 인간은 호혜적 협력관계를 맺을 가치가 없다고 판단한다.

　죄의식으로 얼굴을 붉히는 것은 매우 자연스러운 방법으로, 자신은 신뢰할 만한 가치가 있는 인간이라고 상대와 커뮤니케이션하는 것이다. 오늘의 생존만을 생각하는 단기적 이익이 아니라 내일의 생존도 보증하는 장기적 이익에 따르려는 행동이 타인과 협력하게 하며, 그런 행동을 촉진시키기 위해 진화한 감정이 죄책감과 부끄러운 마음이다. 공포나 분노라는 대뇌변연계에서 만들어진 기본적 정동과 달리 부끄러움이나 죄책감은 대뇌신피질의 고도의 인지활동을 필요로 한다.

현명한 호텔은 타월을 어떻게 재사용하도록 하는가

　수렵채집 생활에서 다른 사람보다 많은 식량을 갖고 있다면 누군가를 속여 자신의 것으로 만들었거나, 빼앗았거나, 혹은 계급 구조의 상층에 있는 권력자가 힘을 행사했기 때문이다. 아니면 드문 경우이기는 하지만 표범이 먹다 남은 동물의 사체를 썩기 전에 발견해 운 좋게 손에 넣은 경우일지도 모른다. 그러나 이런 경우 다른 구성원과 나누는 것이 호혜적 협력관계이다. 따라서 자신이 집단의 다른 구성원보다 많이 소유하고 있다면 죄책감을 느끼고, 다른 구성원에게 들켰을 때는 부끄러움을 느껴야만 한다. 그렇지 않다면 집단의 협력체제는 유지될 수 없다.

인간은 '다른 사람의 눈'이 없으면 대부분의 경우 죄책감을 느끼지 않는다. 착한 행위에 대해 자기 나름의 절대적 기준이 없기 때문이다. 양심에 가책을 받는 것은 타인이 어떻게 생각하는지 신경 쓰기 때문이다.

이런 인간의 성향을 비용 삭감에 이용한 호텔이 있다. 여러 날 숙박하는 고객을 겨냥하여 욕실에 '환경보호를 위해 타월을 재사용해주세요'라는 메시지를 적은 카드를 붙여놓은 호텔들이다. 최근 이런 호텔들이 부쩍 많아졌는데 고객의 친환경 의식에 호소해 타월의 세탁비 절감 효과를 노린 것이다. 어떤 호텔에서는 '지금까지 묵은 대부분의 고객이 타월을 재사용해주었다'는 문장을 덧붙인 것만으로 재사용률을 26퍼센트까지 높이는 데 성공했다. 나아가 '이 방에 투숙한 고객의 대부분이'이라는 문구로 변경했을 때 재사용률은 더욱 향상되었다.

인간은 타인의 행동, 특히 자신과 유사한(같은 호텔 방에 묵은 것처럼) 타인의 행동에 매우 신경을 쓰는 사회적 동물이다. 그렇기 때문에 현대인은 뉴스를 통해 불황으로 경제적 어려움에 빠진 사람들의 모습을 보면서, 직장도 있고 살 집도 있는 자신이 생필품이 아닌 의복이나 액세서리 등을 구매하는 데 죄책감을 느끼게 되는 것이다.

타인과 협력하면 쾌감을 느낀다

뇌는 집단 안에서 협력체제를 보다 강고히 하는 데 죄책감이나 부끄러움만으로는 부족하다고 판단한 것 같다. 그래서 서로 도움을 줌으로써 인간이 쾌감을 느끼는 구조도 만들었다. 타인과 협력하여 무언가를 달성하면 도파민이 분비되어 보수계가 활성화되고 기쁜 마음이 된다.

다음은 게임 형식으로 이 사실을 증명한 실험이다. 게임 형식의 실험은 인간의 협력관계를 살펴보는 데 가장 적절한 방법이다.

두 명의 경기자는 서로 상대의 생각을 추측하면서 상대가 이렇게 움직인다면 자신은 이렇게 움직이자, 그렇게 하면 자신의 몫이 최대가 될 것이라고 생각한다. 게다가 이 실험에서는 서로 협력한 경우에는 자신의 이익과 상대의 이익이 함께 최대가 되도록 설계했다.

신경과학으로 유명한 미국의 에모리대학에서 실시한 실험으로, 정신의학·행동과학부의 제임스 릴링(James Rilling) 교수가 담당했다. 피험자는 20대부터 60대까지의 여성 36명으로 용돈을 벌기 위해 실험 참가를 신청해왔다.

실험은 다음과 같이 진행되었다. 두 사람이 한 팀을 구성하고 실험하기 전에 얼굴을 마주본 뒤 한 사람은 fMRI에 들어가 모니터 화면을 보고, 다른 한 사람은 밖에서 컴퓨터 앞에 앉는다. 두 사람은 모두 버튼으로 '협력한다', '협력하지 않는다'는 의사를 나타낼 수 있고 상대의 대답을 화면으로 볼 수 있다.

두 사람 모두 '협력한다'를 선택하면 각각 2달러를 받고, 두 사람 모두 '협력하지 않는다'를 선택하면 각각 1달러를 받는다. 어느 한 쪽이 협력하고 어느 한쪽이 협력하지 않을 경우에는 '협력하지 않는다'를 선택한 사람이 3달러를 받고, '협력한다'는 의사를 표명한 쪽은 아무것도 받지 못한다.

게임은 참가자 두 사람이 계속 협력한다고 답하면 획득 금액이 가장 많아서, 두 사람 모두 40달러를 받는다. 반대로 계속 '협력하지 않는다'는 버튼을 누르면 받을 수 있는 금액은 절반인 20달러로 줄어든다. 그러나 게임이 이런 식으로 설계되어 있다는 사실을 참가자에게는 알리지 않았다. 자신이 받을 몫만 생각한다면 대부분의 피험자가 항상 '협력하지 않는다'를 선택하는 것이 이득이라고 생각할 것이다.

실험 결과는 다음과 같았다.

① 서로 협력하고 있을 때는 보수계의 일부인 측좌핵에 있는 복측선조체(ventral striatum)가 활성화되었다. 즉, 서로 협력했다는 사실을 기분 좋게 느끼는 것이다. 그 밖에 활성화된 부위는 보수계의 일부인 전두엽 안와피질로 이곳은 충동을 억제하는 기능을 가지고 있다. '상대에게 협력하는 것은 그만두고 보다 많은 돈을 받자. 이렇게 자신의 충동을 억제하는 것은 아닐까' 하고 제임스 릴링 교수는 분석했다.

② 실험 도중 fMRI 안에 들어가 있는 참가자에게 게임 상대는 인간

이 아니라 컴퓨터 조작으로 대체되었다고 알리면 협력할 때의 보수계의 활성도는 낮아졌다. '서로 협력하여 돈을 획득했다는 것뿐 아니라 다른 사람과의 인간적인 관계를 느끼고 협력관계를 맺는 데 만족도가 높아지는 것이다. 상대가 기계인 경우 그 성취감은 줄었다'고 제임스 릴링 교수는 분석했다.

이처럼 뇌는 인간이 서로 협력하도록 죄책감이나 부끄러움이라는 도덕적 정동을 만들고, 다른 인간과 서로 협력함으로써 기쁨을 느끼는 시스템을 만들었다. 그래도 아직 무언가 부족하다고 말하는가? 뇌는 타인에게 감정을 이입할 수 있는(공감할 수 있는) 미러 뉴런(mirror neuron)이라는 신경세포까지 만들어냈다.

타인의 심리를 읽는 미러 뉴런의 발견

인간이 미러 뉴런이라는 이상한 세포를 가지고 있다는 사실이 어느 정도 확실해진 것은 2007년 이후이다. 단, fMRI 관찰로 타인의 행동을 모방하는 시스템이 인간의 뇌에도 있는 것 같다는 인식은 그 이전에도 존재했다. 여기서 '인간의 뇌에도'라고 말한 것은 원숭이가 다른 원숭이나 인간이 하는 행동을 보고 자신의 뇌 속에서 시뮬레이션한다는 사실이 1992년에 이미 논문으로 발표되었기 때문이다.

미러 뉴런은 누군가가 사과를 손으로 따려고 하는 모습을 보면 관찰자의 뇌 신경세포(뉴런)가 사과를 따려는 사람의 뇌에서 일어나는 것을 시뮬레이션하는 것이다. 행동하는 사람의 뇌 활동을 관찰자의 뇌가 마치 거울(미러)처럼 충실히 되비치는 양상이다.

A가 공을 손에 쥐고 있는 모습을 B가 보았을 때, B의 뇌 속에서 무의식중에 자동적으로 A의 행동이 시뮬레이션된다. fMRI로 보면 근육을 관리하는 운동 뉴런(신경세포)이 활성화하는 것을 알 수 있다. 그렇다고 해서 B도 같이 손을 움직이는 것은 아니다. 아직 명확히 밝혀지지는 않았지만 B의 뇌가 시뮬레이션하고 있을 때에 어떤 신경회로가 그것을 행동으로 옮기는 것을 억제하고 있는 듯하다.

A가 공을 던지기 위해 팔을 당기는 모습을 보면 B의 뇌는 그것을 그대로 복사하기 때문에 A가 어느 목표를 향해서 공을 던지려고 하는지를 쉽게 이해하게 된다. 미러 뉴런 덕분에 B는 A의 의도를 읽을 수 있어 A가 다음에 무엇을 하려는지 추측할 수 있다.

미러 뉴런은 동작뿐 아니라 타인의 감정도 복사할 수 있다. 실연당한 A가 슬픔에 잠겨 있다. 그때 어떤 말을 건네면 좋을지 몰라 말문이 막혀 있다면 B의 미러 뉴런은 A의 비탄을 시뮬레이션하고 무의식적으로 A와 공감(감정이입)할 수 있다. 공감할 때는 B의 뇌내에서도 미러 뉴런과 A의 뇌내에서 활성화되어 있는 감정에 관계한 영역, 양쪽 모두가 똑같이 활성화된다.

1년 동안 사귄 연인으로부터 일방적으로 '안녕'이라는 이별통보를 받았으니 틀림없이 이 정도의 슬픔일 것이라고 A의 기분을 추측하는 것은 아니다. 미러(거울) 뉴런 덕분에 B는 문자 그대로 A가 느끼는 것을 직접 체험하고 있는 것이다.

대신 시뮬레이션에 의해 모방체험하고 있는 세포의 활성도는 실제 행동할 때의 세포 활성도보다 조금 낮다. 또한 감정이입하여 공감할 경우 그 두 사람의 관계, 과거 둘이 취했던 행동, 상대에 대한 호감 등에 따라 세포의 활성도는 다르게 나타나는 것 같다. 어쨌거나 '당신이 얼마나 마음이 아플지 난 충분히 알아요' 같은 통속 드라마에서나 나올 법한 대사가 정말 우리의 뇌 속에서 일어나고 있는 현상을 표현한 것이라니 실로 놀라울 뿐이다.

미러 뉴런이 사회성을 높였다

미러 뉴런은 새로운 발견이며, 아직 더 밝혀내야 할 것들이 많다. 원숭이의 경우, 뇌에 전극을 꽂아 특정 신경세포의 활동을 측정할 수 있다. 즉, 타인의 행동을 '인식'하는 동시에 그 행동을 '모방'하는 미러 뉴런의 존재를 가려낼 수 있는 것이다. 그러나 인간의 경우는 fMRI를 이용하여 미러 뉴런이 작용하는 영역을 가려내는 간접적인 방법밖에 없었다. 그래서 과학자들은 정확을 기하기 위해 인간의 뇌에는 "미러 뉴런이 존재한다"고 하지 않고 "복수의 미러 시스템이 있다"고 말해왔다. 그런데 2007년, 간질병 환자의 발작 원인 규명을 위해 인간의 뇌에 전극을 삽입한 일을 계기로 인간에게 존재하는 몇 가지 미러 뉴런을 발견하는 데 성공하게 된다.

미러 뉴런 발견의 중요성에 대한 과학자의 의견은 분분하다. '이 발견이 종래의 심리학을 일신했다'고 생각하는 과학자들도 있다. 이들은 "많은 사람들이 인간은 매우 수준 높은 사회적 동물로, 타인의 행동이나 의도, 감정에 민감하다는 사실을 알고 있었다. 그리고 이는 과거의 경험이나 논리적 추리에 의해서 자신의 눈앞에 있는 사람이 이렇게 생각하고 저렇게 행동할 것이라고 추측함으로써 가능한 일이라고 생각했다. 그런데 지금까지의 이러한 생각을 바꾸지 않으면 안 된다"라며 세기의 발견에 대한 중요성을 역설했다. 나아가 인류가 언어를 가지게 된 것, 타인의 마음을 이해하거나 타인의 관점을 채용하는 능력을 가지게 된 것은 어쩌면 미러 뉴런 덕분일지 모른다는 생각마저 하게 된다.

인간의 아기는 어느 영장류와 비교해도 모방에 능숙하기 때문에 단기간에 언어를 습득할 수 있다. 이것도 인간의 미러 뉴런이 원숭이와 비교해 고도로 발달했기 때문에 가능한 것이다. 미러 뉴런은 일 대 일 대면에서 가장 효과적으로 기능하기 때문에, 어쩌면 요즘 유행하고 있는 인터넷이나 비디오 어학 교육은 효과라는 면에서는 조금 떨어질지도 모른다.

할리데이비드슨이 달리는 무음 영상 속 엔진소리

그래도 인터넷이나 비디오라는 영상 시스템이 인간의 미러 뉴런에 영향을 주는 것은 분명하다. 광고 대행사인 하쿠호도(博報堂)가 일본의 할리데이비드슨(Harley Davidson)의 열혈팬에게 맹렬한 속도로 달리는 할리데이비드슨 오토바이의 영상을 보여주고, 영상을 보는 동안 fMRI로 뇌내 활동을 확인했다.

할리데이비드슨은 독특한 엔진소리가 브랜드 상징 중 하나로 생각될 정도다. 미국 본사는 이 엔진소리로 상표등록을 하려고도 했으나, 소리가 발생하는 엔진 자체는 다른 제조사에서 사용하는 것과 같은 종류라는 이유로 상표등록은 거부당했다. 그런데 할리데이비드슨이 맹렬한 속도로 달리는 영상은 실제로는 아무런 음향이 담기지 않은 것이었다. 그런데 그 영상을 직접 눈으로 본 팬의 뇌내에서는 소리를 듣는 청각 영역이 활성화되었다. 즉, 실제로는 들리지 않은 엔진소리를 팬의 뇌는 인식하고 있었던 것이다.

이 현상도 팬이 할리데이비드슨이 달리는 영상을 보고 뇌내의 미러 뉴런이 기능하여 마치 자신이 할리데이비드슨을 타고 달리고 있는 듯 뇌가 시뮬레이션했다고 생각하면 설명이 가능하다.

텔레비전에서 폭력적인 방송을 많이 본 아이일수록 더 높은 공격성을 갖는다는 것은 수많은 실험에 의해서 증명된 바 있다. 그리고 최근에는 이런 '모방폭력'이 미러 뉴런 때문이라고 생각하는 과학자도 등장하고 있다. 폭력적인 장면을 보고 있는 아이의 뇌내에서는 공격성과 관련되어 있는 뇌 영역이 활성화된다는 것이다.

이 가설이 옳다면, 비디오 게임이나 인터넷 포르노 사이트가 미성년 자에게 나쁜 영향을 준다는 비판은 타당하다고 할 수 있다. 특히 정동이나 충동을 억제하는 전두전야는 어른이 되기까지는 엄밀한 의미에서 완성되지 않는다. 때문에 10대들이 쉽게 흥분해 자제력을 잃는 것이다.

한편 다윈 이후 생물학자들은 인간이 갖고 있는 이타성이라는 특성 때문에 딜레마에 빠지게 된다. 인류의 역사를 보면 가난한 사람들을 구제하기 위해 자신의 전 재산을 내놓은 사람도 있고, 때로는 권력에 맞서 목숨을 바쳐 싸우는 사람도 많다. 왜 인간은 이렇듯 자신의 이익을 희생하면서까지 타인을 도우려는 것일까? 자신의 생존에 아무 도움이 안 되는 유전자는 자연선택으로 배제되어야 하는데 말이다. 이런 관점에서 보면 미러 뉴런이 존재하고 있는 것은 정말 이상한 일이 아닐 수 없다.

그러나 진화 과정에서 타인을 직접 이해할 수 있을 때 얻는 이점이 어쩌면 자기희생의 비용보다 더 컸을지도 모른다. 그렇다면 자연선택된 것은 타인을 모방하는 능력과 타인의 감정을 이해하고 느끼는 능력이었다고 할 수 있다. 다시 말해 자기희생이나 이타성은 미러 행위의 단순한 부산물로, 진화 과정에서 선택받은 것이 아니었다고 해석할 수도 있다.

미러 뉴런 자체가 돌연변이로 나타났다는 설도 있다. 원숭이나 그 밖의 동물이 원시적인 미러 뉴런을 가지고 있다는 점에서 볼 때 그럴 가능성도 있다. 단지 인간의 미러 뉴런 시스템만이 유독 고도로 발달한 것이다. 이것은 몇 백만 년 전에 집단생활이 시작되면서 돌연변이로 나타난 특수세포가 환경에 적응하는 형태로 고도화한 것이라 생각할 수 있다. 미러 뉴런의 연구는 이제 막 시작된 것이다.

사회적 동물이 안고 있는 고민

뇌는 인간이 집단생활에 적응할 수 있도록 세 종류의 시스템을 만들었다. 죄책감이나 수치라는 도덕적 감정, 타인과 협력하면 쾌감을 느끼는 보수계, 그리고 미러 뉴런이다.

뇌는 오랜 시간 끊임없이 더 많은 사회 적응 시스템들을 추가적으로 덧붙여왔다. 어째서 이토록 집요하게 인간을 사회화시킨 것일까? 아마 개인이 집단(사회)생활에 적응하는 것이 그만큼 어려웠기 때문일 것이다. 사회생활에 잘 적응하지 못하는 현대인은 많은 문제를 떠안고 산다. 등교 거부, 은둔형 외톨이, 직장인 우울증……. 아주 심각한 문제가 아니더라도 학교나 직장에서, 친구나 선생님, 상사나 동료와 원활한 관계를 맺지 못해서 고민하는 사람들이 수없이 많다. 사람들은 이런 문제를 여러 가지 가치관이 혼재하는 복잡한 사회조직 탓으로 돌리며, 마치 현대에만 존재하는 문제인 양 취급한다.

그러나 집단생활에서 스트레스를 받기는 우리의 조상도 마찬가지였다. 인류학자 로빈 던버는 '사회적인 동물은 항상 두 가지 힘으로 균형을 유지하고 있다'라고 쓰고 있다. 하나는 구심력으로 포식자에 대한 공포가 이것을 북돋우고, 다른 하나는 원심력으로 밀집에 따른 스트레스로 인해 분산하려는 욕구다.

특히 포식자의 수가 적은 시기에는 집단생활에서 벗어나 자유롭게 지내고 싶어한 호모 에렉투스가 많았을 것이다. 그 옛날에도 주위 사람들과 늘 부딪치는 바람에 무리에서 쫓겨나고, 결국 야수의 먹이감이 되어버린 호모 에렉투스도 꽤 있었을 것이다. 어쩌면 스스로 자유를 찾아 무리에서 벗어났다가 굶어 죽거나, 다른 호모 에렉투스 무리에게 공격을 당해 잡아먹혔거나…… 이런 예는 무수히 많았을 것이다.

호모 에렉투스도 사회생활에는 스트레스를 느꼈다

현대인에게 칼이빨호랑이나 사자, 표범에 대한 공포는 사라졌다. 하지만 먹고 살기 위해서, 즉 생존하기 위해서 어쩔 수 없이 집단생활을 해야 한다는 점은 원시시대의 호모 에렉투스와 별반 다르지 않다.

호모 에렉투스든 현대인이든 자신이 원하는 대로 살고자 하는 자유에 대한 근원적인 욕망을 갖고 있다. 그러니 자신이 속한 무리(사회)에서 규칙을 지키고, 다른 구성원과 협력해 생활하는 것은 당시의 인간 (호모 에렉투스)에게도 그 나름의 스트레스가 되었음을 충분히 상상할 수 있다.

뇌는 이런 스트레스를 잘 느끼지 못하도록 도덕적 감정을 만들었다. 도덕적 감정으로 상대의 심리를 통찰하고, 상대와 협력함으로써 쾌감을 느끼게 한 것이다. 그럼에도 불구하고 사회적으로 적응할 수 없는 개인은 분명 존재했을 것이다. 심리학자 가운데는 "우울이라는 마음 상태는 그 무렵 사회에 대한 적응성이 결여된 호모 에렉투스(인간)의 생존율을 높이기 위한 시스템이었다"고 주장하는 사람도 있다. 즉, 우울증도 과거에는 생존에 도움이 되는 가치를 지녔다는 것이다.

스스로 컨트롤할 수 없는 악조건에 놓인 동물은 에너지를 절약하기 위해 우울증과 아주 흡사한 상태가 된다고 한다. 예컨대, 쥐를 물이 담긴 그릇에 집어넣으면 처음에는 그릇에서 벗어나기 위해서 기를 쓰고 헤엄치지만 몇 차례 도전한 뒤에 탈출이 불가능하다는 사실을 깨닫게 되면 낙심해서 수면 위로 코만 내밀고 둥둥 떠 있는 상태를 유지한다. 일종의 우울 상태다. 항우울제 연구를 위해 이 같은 상태를 만들어낸 실험이 있었다.

무리의 우두머리로서 지배적인 입장에 있던 동물이 라이벌과의 다툼에서 패배해 종속적인 입장이 되었을 때도 우울증과 비슷한 상태에 빠진다. 피로감, 비관, 죄의식을 느끼고 말없이 잠만 잔다. 이런 상태가 되는 것은 새로운 우두머리와 대립하는 위험을 피하고 더 큰 상처로부터 자신을 지키기 위해서라고 해석할 수 있다. 모든 것이 순조롭게 진행되지 않고 자신이 어떤 노력을 기울여도 아무것도 달라지지 않는다는 사실을 깨달았을 때, 쓸데없는 노력을 멈추고 에너지를 절약하고 잠자코 상황이 호전되기를 기다린다.

수렵과 채집으로 생활을 영위하던 사회에서 나타났던 우울 상태는 그 나름의 기능이 있었다. 그러나 당시의 뇌 구조는 현대인에게는 적합하지 않다. 그 어긋남이 우울증을 악화시키고 치료를 어렵게 한다. 이런 관점에서 우울증 환자를 치유하려는 정신과 의사도 등장했다. 어쨌거나 현대인을 호모 에렉투스의 뇌를 지닌 채 유니클로 티셔츠를 입고 걸어 다니는 존재라고 생각한다면, 여러 가지 현상을 완전히 새로운 관점에서 볼 수 있다.

현대인의 죄책감을 생각한다

타인을 시기하고 질투하는 감정을 가진 우리 인간은 집단 내 처우에 민감하며, 타인의 말과 행동에 언제나 신경을 곤두세운다. 여기에 더해 타인과 공감하는 미러 뉴런과 자신만 좋은 처지에 놓인 데 대한 죄책감, 수치심 같은 도덕적 감정도 갖고 있다.

텔레비전이나 신문에서 연일 저소득층의 생활고를 보도하면, 가난한 사람들에게 감정을 이입해 그 비참함에 동정심을 느낀다. 또한 무의식중에 사람들이 자신을 사치스럽다고 생각할까 주의하게 된다. 그리고 생활에 어려움이 없는, 슈퍼마켓에서 일용품이나 잡화를 사며 1, 2백 원 정도의 차이는 신경 쓸 필요가 없는 사람들까지 자신이 물건값에 그다지 예민하지 않다는 사실에 죄책감을 느낀다.

고급 주택가에 살며 고가의 승용차를 타고 일류 미용실에 다니는 주부가 저가의 PB(Private Brand, 대형 소매업자가 기획·개발·생산 및 판매 과정을 전부 혹은 일부를 자주적으로 수행하여 만들어낸 자체 상품)화장지나 세제를 써야 한다고 생각하게 된다. 고급 레스토랑에서 외식하는 대신 집에서 요리를 함으로써 죄책감을 덜어낸다. 어제까지만 해도 슈퍼마켓에서 육류 가격을 일일이 체크하고 구매하는 것이 옹색한 것 같아 입 밖에 내지 않았는데, 오늘은 어느 슈퍼마켓 돼지고기 가격이 더 저렴하다고 말하는 것이 고결한 발언처럼 생각된다. 또는 한 걸음 더 나아가 "이제 쇼핑하지 않기로 했어. 있는 것으로 요리조리 궁리해서 알뜰하게 살 거야"라고 선언하는 것이 유행의 첨단을 걷는 것처럼 느껴진다.

물건을 사는 행위 자체가 죄책감을 불러일으키기 때문에 소비가 회복되지 않는 것은 당연하다. 하지만 아무리 경기가 좋지 않더라도 구매를 정당화하기 쉬운 상품은 있다. 예컨대, 식품이나 건강 관련 상품의 경우 '입으로 들어가는 것일수록 더 신경 써야 한다. 결국 건강만 해치고 약값이 더 든다'는 생각을 가질 수 있다. 이런 상품은 비싸도 구매가 정당화된다. 가족, 특히 아이를 위한 물건을 살 때도 당당할 수 있다. 따라서 불황이라도 유아용품이나 아이들의 교육과 관련된 비용은 줄지 않는다. 죄책감을 느끼지 않기 때문이다.

양복을 사더라도 '졸업 10주년 동창회에 입고 갈 양복을 사고 싶다', '오랜만에 만나는 사람들에게 세련된 자신의 모습을 보이고 싶다' 같이 자신을 위해 양복을 사는 행위는 정당화시키기 어렵다. 하지만 '이 정장이라면 직장에서 고객을 접대할 때도 입을 수 있다. 직장에서 입을 옷을 사는 것은 어떤 의미에서 미래를 위한 투자'라며 정당화하고 스스로를 납득시킬 수 있다면 고가의 정장이라도 구입할 수 있는 것이다.

구매를 정당화하는 시스템

소비자의 이 같은 성향에 골치를 썩는 기업일수록 소비자가 자신의 구매를 정당화하기 좋은 시스템을 만들 필요가 있다. 최근 흔히 볼 수 있는 시스템이 구매 금액의 일부를 기부하는 것이다. 생수를 사면 매출의 일부가 아프리카에서 우물을 파는 자금으로 쓰인다거나, 최빈국에 백신을 제공할 목적으로 발행된 채권 구입에 쓰인다, 등등이다.

그런데 소비자가 느끼는 죄책감을 줄이고 구매를 정당화하도록 하려면 소비자가 친근하고 구체적인 문제 해결에 자신이 도움이 되었다고 느끼도록 해야 한다. 예를 들면 1980년대 미국의 아메리칸 익스프레스가 벌인 '자유의 여신상 복구 캠페인' 같은 경우이다. 아메리칸 익스프레스는 이 캠페인을 진행하며 소비자들이 자사의 카드를 이용할 때마다 1센트씩 기부하는 방식을 선택했다. 미국인에게 자유의 여신상은 나라의 상징과 같다. 이 캠페인으로 아메리칸 익스프레스의 신규 회원 수는 48퍼센트, 이용 금액은 28퍼센트 증가했다. 이 마케팅 방식은 공익연계 마케팅(Cause-Related Marketing)으로 불리는데 현재 대부분의 기업이 활용하고 있다.

불경기가 이슈인 상황이라면 '실업자를 위한 직업훈련소 설립'이나 '일자리를 찾을 때까지 생활할 수 있는 아파트 설립' 같은, 소비자가 자신의 돈이 사용되는 상황을 구체적으로 상상할 수 있는 사업을 벌이는 것이 좋다. 그렇지 않다면 소비자는 자신이 무엇인가에 협력했다는 성취감을 못 느끼고, 결국 보수계를 활성화시켜 기분 좋게 만들어주는 도파민은 분비되지 않는다.

돈으로 지우는 죄책감

이스라엘의 어느 보육원에서 시간에 맞춰 아이들을 데리러 오지 않는 부모들 때문에 애가 탄 원장이 연장 시간에 대한 특별요금을 징수하기로 했다. 그런데 특별요금 징수 후 오히려 부모들이 아이들을 데리러 오는 시간이 더 늦어졌다. 특별요금 징수 전에는 늦게 오는 데 대해 죄책감을 가졌던 부모들이 '어차피 돈으로 보상하니 더 늦어도 미안할 것 없다'는 뻔뻔한 생각을 갖게 된 것이었다.

이 상태라면 오히려 상황만 더 악화될 뿐이라고 판단한 원장은 고민 끝에 특별요금 징수를 없애버렸다. 그런데 일단 '늦는다', '늦지 않는다'는 문제가 도덕적인 것이 아니라 돈으로 해결할 수 있는 문제라는 생각을 갖게 됨으로써, 아이를 데리러 오는 시간은 특별요금을 징수하기 이전보다 더 지켜지지 않았다. 이 사례는 어떤 죄책감은 돈으로 간단히 없앨 수 있다는 사실을 증명한다.

불황으로 경기가 침체되어 있다고 해도 금전적으로 여유가 있는 사람들은 분명히 존재한다. 그런데 이런 사람들조차 불황엔 어려운 사회 분위기에 동조하려고 한다. 한 대에 45만 달러나 하는 롤스로이스의 고객층은 최상위 부유층이다. 2008년, 극심한 경제 위기 상황에도 롤스로이스 자동차는 세계시장에서 1,212대가 팔렸다. 그때 이 기업의 고위 임원은 이렇게 말했다고 한다.

"일시적으로 매상이 떨어질 것이다. 왜냐하면 현재 분위기상 롤스로이스 같은 전형적인 부의 상징에 돈을 쓰는 것에 부담을 느끼는 고객이 있기 때문이다."

또한 뉴욕의 명품 상점에서는 '상품을 명품 로고가 찍힌 종이가방에 넣지 말아 달라'고 요구하는 부자를 많이 볼 수 있게 되었다고 한다. 세계적인 경제 위기 상황에 명품을 구입했다는 사실을 주위에 알리고 싶지 않은 것이다.

경제적으로 여유가 있는 사람들이 쇼핑을 꺼리면 경기는 최악의 상황으로 치닫게 된다. 부유층의 죄책감을 없애고, 그들이 감정이입한 사람들에게 어떤 형태로든 도움을 줄 수 있는 시스템을 만들어내야 한다. 돈을 가지고 있는 사람들이 싼 물건을 구매함으로써 자신도 나름 대로 노력하고 있다고 생각하게 해서는 안 된다. 소비의 절제로 부자들의 죄책감이 경감되는 일만큼은 절대 피해야 한다.

부자들에게 저가 상품 구매가 오히려 경기활성화에 역효과를 초래한다는 사실을 분명히 가르쳐주어야 한다. 그리고 돈에 여유가 있는 사람이 죄책감을 느끼지 않고 지금까지와 마찬가지로 소비생활을 즐길 수 있도록, 자신이 생활고에 시달리고 있는 사람들을 돕고 있다고 실감할 수 있는 시스템을 제공해야 한다. 바로 이런 시스템을 생각해 내는 것이 기업이나 광고 대행사, PR 회사의 역할이다.

제 4 장

자동차 매출과
공작 날개의 관계

공작 날개의 미스터리

찰스 다윈은 동료에게 보낸 편지에 "공작을 볼 때마다 기분이 나빠진다"고 썼다. 『종의 기원』에서 주장한 자연선택 이론으로는 수컷 공작이 어째서 우아한 날개를 활짝 펼쳐 자신의 아름다움을 과시하는가에 대한 명확한 설명이 불가능했기 때문이다.

"모든 생물은 환경에 적응하는 형태로 진화한다. 환경에 순응하지 않은 특징을 가진 개체는 그 특징을 전하는 유전자를 남기기 위해 번식할 만큼 충분히 오랫동안 생존할 수 없다. 따라서 그런 특징은 배제되어 간다."

이런 다윈의 주장대로라면, 수컷 공작의 장식날개는 "제발 나를 잡아먹어 주세요!"라고 포식자에게 호소하는 듯 너무 두드러져 이해하기 힘들다. 이런 절실한 자살 욕구를 가지고 있지 않다고 해도 1.5미터나 되는 커다란 날개를 펼쳤을 때 적과 마주친다면 그야말로 모든 것이 끝장이다. 도망치고 싶어도 도망칠 수 없다. 날개를 접는 데 너무 많은 시간이 걸리기 때문이다. 다시 말해 생존이라는 관점에서 볼 때 장식날개는 방해물밖에 되지 않는다. 환경에의 적응 여부로 운명이 정해지는 자연선택 이론에서 보면 오래 전에 배제되었어야 마땅한 특징이다.

다윈은 생존 경쟁뿐 아니라 번식 경쟁에서 유리한 형질도 자연선택된다는 사실에 착안하고 있었다. 환경에 잘 적응했다고 한들 암컷과 교미하지 않으면 수컷은 자신의 유전자를 남길 수 없다. 때문에 수컷들은 암컷 한 마리를 두고 치열하게 다툰다. 이 싸움에서 체격이 크다거나 힘이 세다거나 하는 형질은 매우 유리하게 작용한다. 전술을 짜내는 지성도 승자가 될 기회를 높여준다. 실제로 사슴이나 소의 뿔은 싸울 때 무기가 된다.

일본 나라(奈良) 지방의 '사슴 뿔 자르기'는 에도시대부터 시작된 가을 행사다. 발정기에 접어든 수사슴이 다툼을 벌이다가 죽거나 다치지 않도록, 혹은 관광객에게 상처를 입히지 않도록 뿔을 톱으로 자른다. 성장한 사슴의 뿔은 자연히 살상 무기가 될 정도로 강력하기 때문이다. 다른 수컷과의 싸움에서 이긴 수사슴의 멋진 뿔은 이처럼 번식 경쟁에 유리한 형질로 자연선택 되어 다음 세대로 이어져간다.

그러나 공작의 장식날개는 사정이 다르다. 정말 단순한 장식에 지나지 않는다. 게다가 생존에 방해가 되는 장식이다. "자연계에 존재하는 것 중 필요 없는 것은 없다. 존재하는 데는 분명 이유가 있을 것이다." 이렇게 믿었던 다윈은 도대체 공작의 장식날개가 무엇에 도움이 되는지 고민했다. 암컷이 아무 수컷이나 받아들이는 것은 아니다. 선택 기준이 있을 것이다. 암컷이 매력을 느낄 수 있는 특징을 가진 수컷이라야 한다. 1871년에 출판된 『인류의 유래와 성선택』에서 다윈은 이렇게 쓰고 있다.

"암컷은 자신을 충분히 흥분시킬 만큼 매력 있는 수컷을 받아들일 것이다. 이런 가정이 옳다면 수컷 공작의 장식날개는 세대를 거듭하면서 서서히 획득됐다고 이해할 수 있다."

그러나 다윈은 끝내 암컷 공작이 수컷 날개의 호화로움과 아름다움을 기준으로 교미 상대를 선택한다는 증거를 발견하지는 못했다.

눈알 모양이 많은 공작이 인기 있는 이유

금색, 빨간색, 파란색으로 빛나는 눈알 모양의 반점은 수컷 공작의 날개를 더욱 화려하게 만든다.

다음은 그리스 신화에서 소개되는 공작이 눈알 모양 반점을 가지게 된 유래다.

'신들의 제왕 제우스는 바람둥이여서 아내 헤라는 남편이 다른 여자에게 정신이 팔리지 않도록 1백 개의 눈을 가진 아르고스에게 감시하도록 명령했다. 그 사실을 안 제우스는 헤르메스를 보내 아르고스를 죽여버린다. 헤라는 아르고스의 죽음을 애통해하며 사체에서 1백 개의 눈을 거두어 자신이 사랑하는 공작의 날개에 장식했다.'

　실제로 공작의 눈알 모양의 반점은 1백 개가 아니라 140개에서 많게는 160개가 넘는 것도 있다.

　1990년대가 되어 영국의 생물학자인 마리온 페트리(Marion Petrie)는 암컷 공작은 눈알 모양의 반점이 가장 많은 수컷 공작을 좋아한다는 사실을 실험을 통해 증명했다. 실험 방법은 공작에게는 매우 성가신 방법이지만 실로 간단했다. 수컷 공작의 날개 길이는 그대로 두고 눈알 모양의 반점만 떼어낸 다음 반점을 떼어내지 않은 수컷과 비교한 것이다. 실험에 이용한 공작의 눈알의 수는 평균 150개였는데 암컷은 명백히 가장 많은 눈알을 가진 수컷을 선호했다. 눈알의 수가 130개 이하의 수컷은 교미할 기회가 거의 주어지지 않았다.

　왜 암컷은 유독 눈알 모양이 많은 수컷을 선호하는 것일까? 여기에는 여러 가지 설이 있다.

　하나는 '봐요, 봐. 나는 이렇게나 많은 눈알 모양이 있는 크고 무거운 장식을 달고 있어도 적에게서 도망칠 수 있어요. 그 정도로 강하답니다. 그러니 나와 교미하면 틀림없이 우수한 자손을 낳을 수 있어요'라고 선전한다는 설. 다른 하나는 우연에 불과할 뿐이라는 설로, 눈알이 많이 달린 날개를 가진 수컷을 멋있다고 생각해 교미한 암컷의 새끼가 역시 똑같이 눈알이 많이 달린 날개를 가지고 태어났고, 그것이 새로운 세대의 암컷에게도 '멋있다'고 받아들여졌으며, 그 결과 이 유전자가 계속 이어지고 있다는 것이다.

　1968년에 일본의 기무라 모토오(木村資生) 교수는 다윈의 자연선택설과는 다른 관점에서, 진화에서 우연의 중요성을 중시한 '분자진화의 중립설'을 발표한다. 유전학 연구의 기무라 모토오 교수의 '운 좋은 자가 살아남는다'는 설은 당초 다윈파의 반발을 샀지만, 이후 분자생물학 등이 발전함에 따라 일반에게 인정받는 학설이 되었다.

섹슈얼 디스플레이

2002년, 『종의 기원』이 출간되고 140년이 지나고서야 공작 날개의 미스터리는 마침내 해결될 수 있었다. '공작이 아름답고 화려한 날개를 유지할 수 있는 것은 박테리아나 바이러스가 적기 때문이 아닐까' 하고 생각한 프랑스의 한 생물학자가 이것을 증명하려면 공작의 면역력의 정도를 조사하면 될 것이라는 데 생각이 미쳤다.

그는 공작의 혈액을 채집해 박테리아나 바이러스로부터 신체를 방어하는 백혈구의 B세포나 T세포의 수를 조사하여 공작의 날개 길이나 눈알의 수와 비교했다. 백혈구는 여러 가지 역할을 맡고 있는 세포들의 집합으로, 그 가운데 B세포는 병원균에 대한 항체를 만드는 역할을 맡고 있고, T세포는 병원균에 이미 침입을 받은 감염세포가 더 이상 감염이 확산되지 않도록 억제하는 역할을 맡고 있다.

비교 결과, 꼬리의 상태나 길이는 B세포의 수와 상관관계가 있고, 눈알의 수는 T세포의 수와 상관관계가 있다는 사실이 판명되었다. 다시 말해 수컷 공작의 장식날개는 자신의 건강 상태를 증명하는 혈액검사표 같은 것이었다. 암컷에게 구애할 때 날개를 활짝 펼치고 춤추는 수컷은 '나의 면역력은 매우 훌륭하답니다. 그러니 나와 교미하면 건강한 자손을 낳을 수 있어요'라고 선전하는 것이다.

공작의 장식날개 같은 형질은 성적 자랑, 혹은 성적 과시(섹슈얼 디스플레이)라고 불린다. 생존 경쟁상의 이점이 아니라, 번식상의 이점으로서 어떤 형질(암컷이 좋아하는 자태나 모습, 다른 수컷과의 경쟁에서 이길 수 있는 체격이나 뿔 등)이 자연선택 되는 현상을 특히 성선택이라고 부른다.

공작은 장식날개 이외에도 머리의 관모나 발끝의 며느리발톱 등 장식을 많이 달고 있다. 이런 성적 과시품을 많이 달고 있는 동물은 일처다부인 경우가 많아 한 마리의 암컷을 둘러싸고 많은 수컷이 경쟁하지 않으면 안 되는 사실을 뒷받침하고 있는 것이라 볼 수 있다.

생식기관으로 이해하는 인류의 성생활 역사

수컷 인간의 정소(고환) 크기나 정자 방출량을 보면 인류의 성생활의 역사를 어느 정도 추측할 수 있다. 고릴라 사회는 일부다처의 하렘 사회로, 수컷은 하렘을 구축하기 위해서 동성끼리 격렬히 싸운다. 스모에서도 그렇듯이 싸움에서는 기술이 조금 뒤처진다고 해도 체격이 크면 압도적으로 유리한 입장에 설 수 있다. 그래서 고릴라 수컷은 암컷에 비해 몸집이 매우 크고 체중은 무려 2배 이상이나 된다.

하렘 사회에서 암컷은 우두머리하고만 교미하기 때문에 암컷의 체내에서 다른 수컷들의 정자가 뒤섞일 가능성은 없다. 그러므로 고릴라 수컷은 자신의 유전자가 태어날 자손에게 그대로 전해질 것이라는 사실에 강한 확신이 있다. 그 때문에 체중에 비해 작은 정소를 갖고 있다. 체중의 약 0.018퍼센트로 양쪽 모두를 합쳐 35그램밖에 되지 않는다.

반면, 침팬지 사회는 난혼 사회다. 복수의 수컷과 복수의 암컷이 무리를 만들고, 발정기 암컷은 다수의 수컷과 교미하기 때문에 수컷 침팬지는 태어날 자손이 자신의 유전자를 이어받았는지 아닌지 확신할 수 없다. 침팬지는 교미할 권리를 다툼을 통해 획득하는 일이 그다지 없다. 그 대신에 정자끼리 어느 쪽이 먼저 난자에 도착하는가를 놓고 경쟁하지 않으면 안 된다.

따라서 침팬지의 경우 수컷과 암컷의 체격 차이는 고릴라처럼 현격하지 않다. 대신 수컷은 체중의 0.269퍼센트, 양쪽 모두를 합해 120그램으로 고릴라에 비해 꽤 큰 정소를 가지고 있다. 한 번의 사정으로 방출하는 정자의 수는 고릴라의 12배에 이른다. 많은 정자를 방출해 다른 수컷의 정자를 밀어내려는 것이다. 자신의 정자 수가 많으면 많을수록 난자에 먼저 도착할 확률이 높아진다는 계산이다.

인간은 고릴라보다는 침팬지에 가까운 위치에 있다. 사람의 정소는 평균 25~50그램으로 체중의 0.04~0.08퍼센트, 한 번의 사정으로 방출하는 정자의 양은 고릴라의 5배, 침팬지의 40퍼센트 정도다. 이러한 숫자로 볼 때 인류는 침팬지에서 갈라져 나온 이후 약 6백 만 년의 역사 중 상당 기간을 침팬지처럼 난혼 사회를 구성하여 생활해왔다는 사실을 추측할 수 있다.

이처럼 큰 정소는 자연선택에 의해 진화해온 형질이다. 자신의 유전자를 후세에 남기기 위해서는 보다 많은 정자를 포함한 대량의 정액을 사정하여 확률을 높여야 한다. 이런 이유로 정소가 커지도록 진화한 것이다.

난혼에서 일부일처제로

남자는 한 번에 1억 개가 넘는 정자를 방출하고, 그 정자는 하루 약 1억 개의 비율로 보충된다. 반면, 여자는 30만~40만 개의 난자를 가지고 태어나는데 그 대부분은 사춘기까지 사멸해버리고 결과적으로 평생 약 4백 개밖에 배란할 수 없다. 게다가 인간의 아이는 수유기간도 길다. 여성이 다음 아이를 낳을 수 있는 상태가 되기까지는 1~2년이라는 시간이 걸린다.

따라서 번식률을 생각하면 여자는 배란일 며칠 전에 복수의 남자와 성교하는 것이 낫다. 그런데 인간 여성에게는 발정기라는 것이 없다. 포유류에게는 통상 일정한 간격을 두고 발정기가 있고, 발정기가 되면 시각적으로 뚜렷한 징후를 보이거나 강한 냄새를 분비한다. 교미의 대부분은 이 한정된 기간에 이루어진다. 그런데 인간 여자만이 배란기를 널리 선전하는 징후가 없어 임신이 가능한 상태인지 아닌지 판단하기 어렵다. 따라서 인간 여성은 배란기 이외의 전 기간에 걸쳐 남성을 유혹할 수 있게 된 것이다.

포유류의 수컷은 한정된 발정기에만 암컷을 독점하여 다른 수컷이 다가오지 못하도록 감시하면 자신이 태어날 자손의 아버지라고 확신할 수 있다. 그런데 인간의 경우는 그리 간단하지 않다. 난혼 사회에서 남자는 여자가 낳은 아이가 자신의 아이인지 아닌지 정확히 알지 못한 채 여자와 아이를 부양한다. 자신의 유전자를 이어받았는지 아닌지 정확히 가려지지 않은 채 시간과 에너지를 계속 투자해야 하는 것이다. 어쩌면 인류는 이런 문제를 해결하기 위해 일부일처제라는 사회적 제도를 채용했을 수도 있다.

또한 여성에게 발정기가 없는 이유는 남자가 다른 여자와 관계하는 것을 방지하기 위해 자신의 배란기를 숨기도록 진화했기 때문이라는 설도 있다. 지나친 억측이라고 할 수도 있지만, 의외로 이 설이 사실일지도 모른다. 질투라는 감정 또한 같은 이유에서 탄생했다는 사실을 많은 학자들이 이미 정설로 인정하고 있기 때문이다.

'질투'는 외도 방지를 위해 탄생했다

진화심리학자는 질투라는 감정이 외도와 깊은 연관관계가 있다고 생각한다. 남녀를 불문하고 외도는 자신의 유전자의 존속을 위협하는 결과를 가져올 수 있다. 남자는 어쩌면 다른 남자의 유전자를 이어받았을지도 모르는 아이를 위해서 자신의 시간과 에너지를 투자하게 된다. 여자의 입장에서 보더라도 남자가 밖에서 다른 여자의 아이를 만들면 자신과 자신의 아이에게 제공되어야 할 남자의 자원을 다른 누군가와 나누지 않으면 안 된다. 제공받는 자원이 적어지는 정도라면 그래도 나을지 모른다. 어쩌면 모조리 빼앗겨 아무것도 제공받지 못할 위험성도 있다. 이런 이유로 자신의 배우자가 다른 남자나 여자와 바람을 피우는 데 무관심하게 있을 수만은 없다.

복수의 파트너를 갖는다는 것은, 침팬지 사회처럼 완전한 난혼 사회에서는 수컷끼리 싸우거나 정자끼리 경쟁하는 순전히 생물적 문제였다. 하지만 여자와 남자가 어느 일정 시간 짝을 이루는 풍습이 등장하게 되면서 이는 경제적인 문제를 낳게 되었다. 그리고 파트너가 다른 사람과 성교하는 것을 막기 위한 수단으로 진화한 감정이 질투다. 파트너가 자기 이외의 제 3자와 성교하거나 혹은 하는 것처럼 의심되면 미친 듯이 화를 내고, 울며불며 소리를 지르고, 경우에 따라서는 폭력을 행사하기도 한다. 어떻게 해서든 상대의 바람을 막기 위해 행동하도록 질투라는 감정이 동기를 부여한다.

결과적으로, 질투라는 감정이 풍부한 인간은 그렇지 못한 인간보다 성선택 시 우위에 서고, 보다 많은 자신의 유전자를 후세에 전할 수 있다. 우리가 현재 질투라는 감정을 당연한 것처럼 느끼게 된 배경이다. 질투라는 감정은 공포나 혐오 등 대뇌변연계에서 만들어진 본능적인 정동과 달리 대뇌신피질의 고차원적인 인지활동의 영향을 받아 탄생했다. 그러므로 마음속에서 질투가 일어났을 때는 어느 정도 의식할 수 있는 것이다.

난혼 사회에서 일부일처 사회로 옮겨가는 몇 백만 년 동안 질투라는 감정이 형성되고, 또 여성이 배란기를 겉으로 드러내지 않게 되었다. 그 결과, 사람이라는 동물 종에게는 발정기가 사라지게 된 것이다. 이처럼 새로운 감정이 만들어지거나 옛날에 존재했던 것이 없어지는 등 진화의 배경에는 계획, 학습, 기억이라는 인지활동을 관장하는 대뇌신피질의 발달이 있다. 이렇게 우리의 조상은 다른 영장류와 점점 멀어지면서 인간이 되었다.

신장이나 외모보다 여성이 중시하는 것은

진화심리학은 남녀가 동등한 권리를 가지고 있다고 주장하는 페미니스트들에게는 그다지 좋은 평가를 받지 못한다. 인류 역사에서 남녀 각각의 성에 관한 역할 묘사에 여성을 경시하는 경향이 있다고 느끼기 때문이다. 예를 들면 최근 발표되어 화제를 모았던 '여성이 섹스에서 얻는 쾌감의 정도는 파트너인 남성의 소득이 많아질수록 높아진다'는 연구 등이 페미니스트들을 자극시켰다.

독일, 미국, 중국에서 실시한 심층심리 조사에 의하면, 여성의 오르가슴 빈도는 상대 남성의 수입에 따라 증가한다. 물론 키가 크다든가 잘생겼다든가 하는 외적 매력도 영향을 미치지만 돈이 가장 중요한 요소라고 판명되었다는 것이다. 연구 성과를 발표한 심리학자는 '자신의 유전자를 후세에 전하기 위해 최선의 선택을 하는 자연선택의 결과이고, 이런 선택을 하도록 여성의 뇌가 프로그램되어 있다'고 밝히고 있다.

여성의 오르가슴의 역할에 대해서는 이전부터 논쟁이 있었다. 왜냐하면 여성의 쾌감 유무나 정도의 차이는 임신 확률과 아무 관계가 없기 때문이다. 번식을 목적으로 하는 데 아무런 도움도 되지 않는 오르가슴이 왜 존재하는가는 많은 학자들에게 풀리지 않는 미스터리였다. 미국의 저명한 고생물학자인 스티븐 제이 쿨드(Stephen Jay Gould)조차 '여성의 클리토리스와 오르가슴은 남성의 유두와 마찬가지로 진화적으로는 아무런 역할도 목적도 없다'고 단언할 정도다. 그러나 인간의 신체 기관(器官)이나 행동에는 반드시 어떤 의미가 있을 것이라 생각하는 것이 대부분의 과학자들이 가지고 있는 습성이다. 지금은 아무런 역할이 없는 듯이 보여도 과거에는 어떤 목적이 있어서 생겨났을 것이고, 그것을 밝혀내는 것이 인류의 진화를 해명하는 데 매우 중요하다고 생각하는 것이다.

1990년대에는 여성의 오르가슴이 생식 성공률을 높이는 데 도움이 된다는 전제 하에 몇 가지 조사가 이루어졌다. 1993년에는 성교 때 남성이 절정에 이르기 1분 전부터 45분 후까지 발생하는 오르가슴은 여성의 체내에 남는 정액 양을 증가시키고, 그로 인해 생식 확률을 높이는 데 도움이 된다는 결과가 발표되었다. 이 실험에서는 32명의 여성이 조사 대상이었는데 인간의 경우는 원숭이나 침팬지와는 달리 관찰자가 줄곧 지켜볼 수는 없는 노릇이어서 조사 대상자의 보고에 의존하여 오르가슴의 빈도를 측정해야 했다.

최근에는 오르가슴은 '나는 성적으로 매우 만족했으니 다른 남성을 구하지 않을 것이다. 그러니 안심하고 나와 아이에게 충분히 투자하라'는 뜻으로 상대 남성에게 보내는 신호라는 설이 자주 거론된다. 즉, 정절을 지킬 테니 다른 여자와 바람을 피우지 말고, 자신과 아이를 보호하고, 안심할 수 있는 생활환경을 제공하라는 신호라는 것이다.

남자는 젊은 여자를, 여자는 연상의 부자를 갈망한다?

성선택 이론을 인간에게 적용하는 데 크게 공헌한 것은 미국의 심리학자 데이비드 버스(David Buss) 교수이다. 그는 37개의 문화권 14세부터 70세까지의 남녀 1만47명을 대상으로 세계적 규모의 조사를 실시하여 1989년에 그 결과를 발표한다.

데이비드 버스는 인간의 성선택에 관한 한 가지 가설을 세웠는데, '남자는 젊고 매력적인 용모의 배우자를 원하고, 여자는 지위와 경제력이 있는 배우자를 선호한다'는 것이다. 만약 이 가설이 문화에 관계없이 적용된다는 사실이 증명된다면, 그것은 우리의 공통된 조상으로부터 현대의 우리의 뇌에 새겨진 사고방식이라는 이야기가 된다.

데이비드 버스의 가설은 생물의 진화사에 있어서 수컷과 암컷의 역할 분담에 근거한다. 수컷과 암컷은 상호 협력하고 번식이라는 목적을 달성해야만 하는데, 이를 위해서는 각자가 희생을 치러야 한다. 이것을 수컷과 암컷의 투자 비용이라 생각한다.

예컨대 난자를 생산하는 데는 정자를 생산할 때보다 더 많은 시간과 에너지가 필요하다. 즉, 수정이 끝난 후에 암컷은 다음 난자를 생산하기까지 일정 시간을 기다려야 하지만, 반대로 수컷은 수정이 끝난 즉시 바로 새로운 번식 작업을 이행할 수 있다. 결과적으로 수정 가능한 암컷의 수는 늘 수컷의 수보다 적은 상태이고, 한 마리의 암컷을 둘러싸고 수컷끼리는 다툼을 벌이지 않으면 안 된다.

또한 태어난 새끼가 병에 걸리거나 사망할 경우 가장 큰 손실을 입는 것은 새끼를 낳는 데 가장 큰 투자 비용을 지불한 암컷이다. 이런 이유로 태어난 새끼는 암컷이 맡아 키운다.

이처럼 암컷은 수컷에 비해 훨씬 많은 에너지와 시간을 새끼를 낳고 키우는 데 소모하기 때문에 많은 자원을 제공해주는 수컷을 선호하도록 진화해왔다. 한편 수컷의 투자 비용은 적기 때문에 어쨌든 생식 확률이 높은 암컷이면 누구든 좋다는 식으로 진화해왔던 것이다. 이 같은 이론에서 탄생한 가설이 '남자는 젊고 매력적인 용모를 가진 배우자를 원하고, 여자는 사회적 지위와 경제력이 있는 배우자를 선호한다'는 것이다.

잠자는 숲 속의 공주와 백마 탄 왕자님

데이비드 버스는 5년 동안 세계 각 나라에서 조사를 실시한 결과, 이 가설이 옳다는 것을 증명한다.

현대 여성은 사회에 진출하고 스스로 경제적인 힘을 가졌음에도 불구하고 옛날과 같은 경향을 보이고 있다. 배우자를 선택하는 판단 기준으로 경제력을 남성에 비해 2배나 높게 평가한다. 이는 일본에서는 더 높아서 여성은 남성에 비해 배우자의 경제력을 2.5배나 중시한다는 결과가 있다. 여성이 사회적 지위나 경제력을 고려해 자신보다 연상의 남성을 선호하는 것과는 반대로 남성은 자신보다 연하의 여성을 선호한다(37개 문화권을 조사한 결과, 남성은 평균적으로 2.5세 연하의 여성을 선호한다). 또한 건강을 증명하는 아름다운 외모와 임신 가능성을 보여주는 체형(평균적인 몸집에서 허리 치수를 엉덩이 치수로 나눈 값이 작은 체형)을 선호한다. 건강하고 임신 가능한 연령에 있는 여성의 허리 대 엉덩이의 비율은 0.67~0.80 사이로, 이 비율의 여성을 매력적으로 보는 남성이 많다.

여성은 남성이 충분한 자원을 가지고 있는지를 알아보는 단서로 경제력, 사회적 지위, 연령(약간 연상), 야심, 근면성, 기댈 수 있는 안정감, 지성, 체력, 체격, 건강, 사랑과 헌신이라는 평가 기준을 사용한다. 한편 남성은 다산의 능력을 가진 여성인지 아닌지를 알아보는 단서로 젊음과 건강을 판단할 수 있는 신체적인 아름다움, 체형, 순결, 정절로 여성을 판단하도록 진화해온 것이다.

남자와 여자는 배우자에게 요구하는 조건이 전혀 다르다. 남성보다는 여성이 생식과 태어날 아이에게 제공하는 투자 비용이 더 높기 때문에 배우자를 고르는 데 매우 신중하고 조심스럽다. 이런 사고방식이나 심리는 인류, 아니 생물의 오랜 역사 속에서 진화해온 것으로, 사회 환경이 변화했다고 해도, 아직도 뿌리 깊이 뇌에 프로그램되어 있다는 것이 데이비드 버스 교수의 주장이다.

'부자를 원하는 여성과 젊은 미인을 원하는 남성'이라는 패턴은 젠더의 스테레오 타입(성별 고정관념화)을 더욱 강고히 하는 것이라며 페미니스트들은 비판하고 있다. 그런데 남성이 유폐되었거나 장기간에 걸쳐 잠자는 미녀(처녀일 가능성이 높은)를 원하고, 여성이 강하고 지성 넘치는 백마 탄 왕자님(돈과 사회적 지위도 갖고 있는)을 원하는 것은, 세계 각지에 전해 내려오는 많은 옛날이야기의 공통 주제다. 이것만 봐도 아주 먼 옛날부터 여자는 부자를 원하고 남자는 젊은 미인을 원했다는 사실을 부인할 수 없는 것이다.

114

당신의 유전자는 우수한가요?

영국에서 '문학계의 다윈'으로 유명한 조너던 고트쉘(Jonathan Gottschall) 교수는 전 세계 어느 문화가 됐든 로맨틱한 러브스토리에는 공통된 테마가 존재한다고 한다. 즉, 그 테마는 문화와 문명이 등장하기 전의 인류의 조상으로부터 이어내려온 유전자에 프로그램되어 있다는 것이다.

조너던 고트쉘 교수는 선진국을 비롯하여 지금도 수렵채집 생활을 하는 부족까지, 13개 문화권에 존재하는 90개의 민화(民話)를 수집해 그 내용을 분석한 결과를 2008년에 발표했다.

수집한 민화에는 강한 남자 주인공과 아름다운 미녀를 강조한 젠더 묘사가 압도적으로 많았다. 여성을 주인공으로 하는 것보다는 남성을 주인공으로 하는 이야기가 3배나 많았고, 남성의 아름다움보다 여성의 아름다움을 이야기하는 부분이 6배나 많았다. 미녀보다 미남을 강조하는 문화는 단 하나도 없었다.

일본에서 가장 오래된 이야기 〈가구야히메(かぐや姫) 이야기〉는 입에서 입으로 전해져 내려온 구전설화이다. 빛나는 대나무에서 태어난 눈부시도록 아름다운 가구야히메, 그녀는 사실 달의 세계에 속한 사람으로 많은 귀공자들의 프러포즈를 받지만 8월 15일 보름달이 뜬 밤에 달로 다시 돌아간다는 이야기다.

〈가구야히메 이야기〉에서 가장 인상적인 부분은 아마 5명의 남자들이 겪은 목숨을 건 모험 이야기일 것이다. 가구야히메는 끈질기게 구혼해오는 5명의 귀공자에게 "내가 원하는 것을 가지고 오면 당신과 결혼하겠다"라고 말하고 어려운 과제를 제시한다. 그래서 그들은 '용의 머리에 있다는 오색 구슬'과 '봉래의 나뭇가지(신선이 사는 봉래蓬萊에 있다는 옥玉으로 된 나뭇가지)'라는 들어본 적도 없는 진귀한 보물을 손에 넣기 위해 목숨을 건 모험을 떠난다.

구혼자에게 과제를 주고 합격한 사람을 배우자로 선택하는 것은 '당신이 우수한 유전자를 가지고 있다는 사실을 내게 증명해보라'고 요구하는 것과 다르지 않다. 왜냐하면 육체적으로 강하고 지성이 뛰어난 사람이 우수한 유전자를 가지고 있을 가능성이 크고, 그런 남자와 결혼하면 우수한 아이를 낳을 수 있기 때문이다. 구혼자에게 어려운 문제를 제시하고 해결하게 하는 이야기는 세계 각국에서 찾아볼 수 있다.

일본에서 가장 오래되었다는 〈가구야히메 이야기〉 역시 세계 모든 문화에서 공통적으로 볼 수 있는, 사회적 지위가 높은 지성 넘치는 남자와 젊은 미녀와의 러브스토리다. 젠더의 역할에 대해서는 동서고금을 막론하고 동일한 경향이 줄곧 이어져왔음을 알 수 있다.

"여성의 경우는 번식 능력을 상징하는 건강의 신호인 젊음과 아름다움, 남성의 경우는 가족을 부양할 능력의 신호인 육체적 힘과 성공……. 이런 고정된 성 역할의 차이는 다윈의 진화론이 타당하다는 것을 증명하고 있다"라고 고트쉘 교수는 말한다.

물론 시대와 함께 여성의 선택은 차츰 변하고 있다. 맞벌이 부부도 많아져서 경제력을 가진 여성은 육아나 가사에 도움을 주는 남성을 원하게 되었다. 하지만 힘과 지성을 갖춘 왕자님이 육아와 집안일도 도와준다면 더 바랄 나위가 없다. 즉, 여성이 백마 탄 왕자를 원하고, 남성이 잠자는 숲 속의 미녀를 원한다는 사실은 영원히 변하지 않을 것이다.

이는 신경과학 실험을 통해서도 증명된 바 있다. 남성에게 연인의 사진을 보여주고 fMRI로 뇌내 혈류를 관찰해보니 시각과 흥분에 관한 부위가 활성화되었다. 즉, 남성은 비주얼 자극에 예민하다는 것을 알 수 있었다. 이것은 남성이 아주 먼 옛날부터 여성을 '외모'로 판단해온 것이 '뇌의 습관'으로 굳어졌기 때문이다. 반면, 여성의 경우는 보수(대가), 감정, 주의(注意)에 관계하는 부위가 활성화되었다. 연인으로 적합한지 아닌지를 신중하게 살피고 있다는 것이다.

성性에 흥미가 없는 현대인

인류가 지금과 같은 인간다운 외모를 갖춘 지는 불과 수십만 년에 지나지 않는다. 그 이전 원숭이에 가까운 모습이었을 때부터 헤아리면 수백만 년 동안 어떻게 자신의 유전자를 후세에 남길 것인지에 대한 일념으로 눈물 어린 노력을 해왔다. 그 덕분에 우리가 현재 지구에 존재한다고 생각하니 감개무량할 뿐이다.

게다가 최근의 유전자 연구는, 7만 년 전 기후 변동으로 지구상의 전체 인구가 고작 2천 명으로 급감해 인류 절멸 직전까지 갔었다고 보고하고 있기도 하다. 우리의 먼 조상이 추위와 식량난이라는 혹독한 어려움을 겪으면서도 생식, 번식에 최선을 다했기 때문에 현대의 우리가 존재할 수 있다니 탄복하지 않을 수 없다.

그런데 어찌 된 일인지 현대의 우리는 유전자를 남기는 데 가장 필요한 성교에 흥미를 잃어버렸다. 특히 일본인은 세계에서도 그 정도가 가장 심한 것 같다. 세계적인 콘돔회사 듀렉스(Durex)는 세계 각국의 성행동에 대해 매년 조사를 실시하고 있는데, 그 조사에서 일본은 성관계 빈도에서 세계 최하위를 차지하고 있다.

2005년도 조사에 의하면, 전 세계의 성관계 평균 빈도는 1년에 103회인데 반해 일본은 24회로 꼴찌를 차지했다. 꼴찌에서 두 번째로 42회를 기록한 싱가포르의 절반 수준이다. 흔히 '양보다 질'이라고들 하지만 정상적이라고 할 수 없다. 성생활 만족도에서도 일본은 불과 24퍼센트로 간신히 최하위를 면했을 뿐이다. 22퍼센트를 기록한 꼴찌 중국과 그다지 차이가 없다.

이유는 '귀찮기' 때문에

부부간의 섹스리스는 일본에서 특히 심각한 사회적 문제로 대두되고 있다. 이것에 관한 몇 가지 조사 결과가 있는데, 세계보건기구와 니혼대학 인구연구소가 2007년에 실시한 조사에서는 1년 동안 성관계가 없었다고 대답한 20~50대 부부는 전체의 24.9퍼센트였다. 후생노동성의 조사에서도 기혼자이면서 1개월간 성관계가 없었다고 대답한 사람의 비율은 36.5퍼센트였다. 이 비율은 2001년부터 꾸준히 증가하는 경향을 보이고 있다.

이 조사에서는 성관계를 하지 않는 이유도 함께 물었다. 남성은 '일 때문에 피곤해서'가 가장 많았고, 두 번째가 '아내가 출산하고 어쩌다 보니', 그 다음이 '귀찮아서'였다. 여성도 '귀찮아서'가 두 번째 이유로 나왔다.

판다(Panda)는 절멸 위기에 처해 있는 동물 종인데, 개체수가 줄어드는 이유 중 하나가 발정기가 짧다는 것이다. 판다의 발정기는 연 1회 2주 정도로, 그 기간 중에서도 자연교배가 가능한 날은 3일밖에 되지 않는다. 언제든 발정할 수 있지만 정작 중요한 성교할 마음이 없는 일본인은 흡사 판다와 같은 절멸 위기 종이 되어버렸다.

일본에서 큰 문제가 되고 있는 섹스리스 현상은 대부분의 선진국이 갖고 있는 문제이기도 하다. 세계적인 스타 마돈나가 영화감독인 남편과 이혼했을 때, 섹스리스가 원인이었다고 보도되어 화제가 됐었다. 「런던타임스」는 '18개월 동안 한 번도 없었다……'고 전했다. 섹시함의 결정판처럼 보이는 커플에게조차 섹스리스가 문제였다니, 하루 종일 업무에 시달리고서 한 시간 이상 지옥철을 타고 귀가한 남편이나 아내에게 침대가 숙면 이상의 도구가 안 되는 건 당연한 것인지 모른다.

이성과의 교제는 번잡스럽다?

아무리 일 때문에 피곤하다고 해도 성관계로 얻는 쾌락이 크다면 인간은 섹스에 무관심할 수 없다. 이는 쥐를 이용한 실험에서도 증명됐다. 지렛대를 누르면 보수계의 일부인 측좌핵이 전기 자극을 받아 쾌감을 느끼도록 했더니, 쥐는 그 쾌감에 사로잡혀 먹는 것도 잊고 끊임없이 지렛대를 눌러 결국 굶어 죽고 말았다.

뇌는 인간이 번식에 힘을 쏟을 수 있도록, 성관계 시 쾌감을 느낄 수 있는 보수계를 만들었다. 그런데 최근에는 약물 투여만으로, 성교 없이도 실제 성관계 때와 비슷한, 혹은 그 이상의 쾌감을 얻을 수 있게 되었다. 또 불법적인 약물을 구하지 못하는 일반인도 성인용 비디오나 포르노 동영상은 간단히 수중에 넣을 수 있다. 특히 남성은 진화 과정에서 파트너를 선택하는 데 '외모'에 크게 의존해온 탓으로 비주얼 자극에 강하게 반응한다. 게다가 대상의 감정을 복사해내는 미러 뉴런도 있다.

남자들은 포르노를 보고 뇌내에서 시뮬레이션함으로써 실제로 자신이 직접 체험하고 있는 듯이 느끼는 경향이 높다고 한다. 결국 현대 사회에서 성교로 얻을 수 있는 쾌감 자극이 다른 수단으로 얻을 수 있는 쾌감 자극에 비해 그다지 큰 수준이 아니라는 것이 문제일 것이다. 뭐니 뭐니 해도 성관계는 두 사람의 합의가 필요한 일이고 여러 가지 과정을 거치지 않으면 안 된다. 특히 미혼 남녀의 경우는 데이트를 하고, 마음에 둔 레스토랑에서 식사를 하고, 정성스러운 선물과 신경 쓴 대화 같은 섬세한 배려심이 반영된 과정을 밟지 않으면 최종 목적에 이를 수 없다. 이 과정을 귀찮다고 느끼는 것이다.

닛케이 산업지역연구소가 2008년에 실시한 조사에 의하면, 지금 20대 남녀 중 이성과의 교제에 대해 '돈이 든다', '성가시고 번잡스럽다', '취미나 개인적으로 즐길 시간이 줄어든다'고 생각하는 사람의 비율이 높아졌다고 한다. '성가시고 번잡스럽다'고 대답한 사람은 10~20년 전보다 2배 이상으로 높아졌다.

그런데 같은 욕망의 문제라도 식욕은 그 정도가 지나쳐서 문제다. 비만이나 대사증후군 등의 사회적 문제를 야기할 만큼, 욕망 과잉 현상으로 치달아 '어떻게 억제할 것인가'가 급선무다. 식욕도 성욕도 똑같이 보수계 시스템에 의해서 욕망을 채우면 쾌감이라는 보상을 받을 수 있는데, 이런 차이는 대체 어디서 발생하는 것일까? 식욕은 성욕과 달리 혼자서도 간단히 처리할 수 있기 때문일까?

진화 이론 측면에서 생각하면, 뇌는 이러한 새로운 환경에 적응하여 섹스를 하면 지금까지보다 훨씬 큰 쾌락을 얻을 수 있도록 보수계를 개선하지 않으면 안 된다. 단, 이 경우 뇌가 적응하는 데 걸리는 시간과 일본의 인구가 괴멸하는 것 중 어느 쪽이 빠른가 하면 아마도 후자 쪽일 것이다.

자동차는 공작의 날개인가

여기서 다시 이번 장의 첫머리에 등장했던 '공작의 장식날개' 이야기로 돌아가자. 수컷 공작에게 장식날개는 유전자의 우수성을 과시하는 성적 과시품(섹슈얼 디스플레이)이다. 그렇다면 인간 남성에게 여성의 눈을 사로잡기 위한 성적 과시품은 무엇일까?

데이비드 버스 교수는 전 세계적으로 실시한 조사를 통해 여성이 결혼 상대를 선택하는 기준으로 우선시하는 것은 경제력과 사회적 지위라는 사실을 증명했다. 그것을 표현하는 구체적인 예가 직업이나 주거, 소득 등이다. 그런데 이런 것들은 가지고 다닐 수가 없다. 섹슈얼 디스플레이를 위해서는 공작의 날개처럼 가지고 다닐 수 있는 것이어야 한다. 명함이나 예금통장 혹은 저택 사진을 가지고 다니며 자랑할 수도 있지만 세련되고 섹시한 방법이라고는 할 수 없다.

남자가 여자와 섹스를 하기 위한 섹슈얼 디스플레이로는 아르마니 재킷, 몇 억 원이나 하는 손목시계, 최근에는 다이아몬드가 달린 천만 원 이상을 호가하는 노키아 휴대전화가 있다. 그리고 섹스라는 단어에서 연상되는 과시품으로는 역시 자동차를 빠뜨릴 수 없을 것이다. 아니, 자동차였다고 과거형으로 고쳐 말하는 것이 좋을지 모르겠다. 왜냐하면 남자든 여자든 모두 섹스에 무관심해짐으로써 이미 자동차는 섹슈얼 디스플레이로서의 기능을 잃어버린 듯 보이기 때문이다.

이성에 관심이 없으면 자동차에도 관심이 없어진다?

석기시대의 남성은 수렵활동으로 자신의 유전자의 우수성을 과시할 수 있었다. 수렵활동을 위해서는 육체적 강인함뿐 아니라 지성도 필요하다. 수렵은 공동 작업으로 다른 구성원의 존경을 받고 사랑을 받는 인물이 사냥감을 손에 넣고, 지도자로서의 지위도 차지할 수 있었다. 그 이후에도 오랜 세월 남성은 다툼과 전쟁을 통해서 성적 과시를 해왔다.

자동차(특히 스포츠카)는 속도, 위험, 경쟁이라는 이미지를 동반한다. 마치 원시시대 수렵이나 목숨을 건 전투를 떠올리게 한다. 그러면 일본에서 자동차가 여성을 유혹하기 위한 섹슈얼 디스플레이로서의 기능을 지녔던 것은 언제까지였을까?

〈중앙 프리웨이〉라는 노래에서 중앙 차도를 드라이브하는 연인들을 묘사한 것이 1976년의 일이다. 단카이 세대(제2차 세계대전 직후인 1947년부터 1949년까지 태어난 베이비붐 세대. 특이한 인구 구성으로 인해 일본 사회에 지대한 영향을 미쳤다)가 20대 후반이던 무렵이다. 드라이브는 데이트의 필수 코스이고, 자동차를 가지고 있는 남자는 친구들의 부러움을 샀다.

단카이 세대는 할리우드 영화에서 그려진, 남자가 멋진 자동차로 여자를 유혹하여 자동차 안에서 달콤한 러브신을 연출하는 모습을 동경하면서 성장한 세대다. 그러나 영화에서조차 이미 자동차를 남성의 성적 매력의 심벌로 사용하던 시대는 끝나버렸다. 지금 그 흔적을 엿볼 수 있는 것은 007시리즈 정도일 것이다.

그러나 최근 할리우드 영화에서 자동차를 사용하는 방식은 크게 달라졌다. 차종 따위는 아무래도 좋다. 어차피 카체이스에 사용되어 차체는 너덜너덜해지고 문도 어디론가 날아가 결국에는 찌그러지고 만다. 몇 대와 충돌하고 몇 대가 엉망진창 찌그러지는가는 영화가 얼마나 박진감 있는 영화인가를 가늠하는 척도일 뿐이다. 자동차는 공작의 꼬리 깃털이 아닌 수사슴의 뿔이 되어버린 것 같다. 결국 성적 자랑거리가 아니라 다른 수컷과 싸우기 위한 무기가 되어버린 것이다.

쓸모없는 것이기에 '과시'할 수 있다

성적 자랑거리가 되기 위해서는 낭비가 필수적으로 수반되어야 한다. A지점에서 B지점으로 가기 위한 교통수단이라면, 그 기능만 갖춘 가능한 한 쓸모없는 것을 배제한 작고 싼 자동차로 충분하다. 아니, 어쩌면 이동만 하면 되니 지하철 같은 대중교통이 훨씬 싸고 편리할 수 있다.

일본에서도 자동차를 데이트의 필수 아이템이라고 생각하는 20대 독신자의 비율은 최근 20년간 점차 줄어들고 있다. 「닛케이MJ」가 실시한 젊은이들의 의식조사에 의하면, '데이트에 자동차는 필수'라고 대답한 남성은 27퍼센트에 불과했다.

그래도 섹슈얼 디스플레이로서의 지위를 여전히 유지하고 있는 자동차가 있는 것도 같다. 독일의 다임러 크라이슬러 연구소에서 평균 연령 31세의 남성들에게 66가지의 자동차 사진(스포츠카 22종, 세단 22종, 소형차 22종)을 보여주고 fMRI로 뇌내의 움직임을 확인했다. 스포츠카는 그 어떤 종류의 자동차보다 훨씬 강하게 뇌의 보수계를 활성화시켰다. "스포츠카는 공작의 꼬리 깃털과 같은 것이다. 운전하는 남자의 권력을 보여주는 선전용이다. 강하고 성공한 동물은 전혀 쓸모없는 것에 에너지를 투자할 여유가 없으면 안 된다. 자신에게는 그만큼 여유가 있다고 보란 듯이 내세우는 것이 바로 스포츠카다"라고 이 실험에 참가했던 심리학자는 말했다.

스포츠카를 타고 맹렬한 속도로 달리는 것은 '봐라, 나는 아무리 속도를 내도 무섭지 않다. 그만큼 강하고 용감하다'라고 광고하는 것과 같다. 그러나 성에 흥미가 없다면 성적 과시도 필요 없어진다. 따라서 자동차의 판매량이 줄어드는 것도 당연한 일이다. 자동차는커녕 성에 무관심하다는 것은 남성이 여성에게 선물하는 것 자체가 불필요해진다는 것을 의미한다. 50송이의 장미꽃도 티파니의 펜던트도 필요 없는 것이다.

수컷과 암컷의 교제 조건과 초식남

남성이 여성에게 선물을 하는 것은 태고 적부터의 관습이다. 우리의 조상도, 호모 에렉투스도 수렵활동을 통해 획득한 고기를 선물하고 성교할 수 있는 기회를 얻었다. 자신의 유전자를 가진 자손을 낳아주기를 바라기 때문에 당연한 교환조건이라고 간주되었다. 암컷 침팬지가 정기적으로 고기를 제공해주는 수컷과 가장 많이 교미하는 것이 그 증거다. 야생의 침팬지를 관찰하는 연구자는 '암컷에게 고기를 나눠주는 수컷은 두 배의 확률로 교미했다'고 말한다.

곤충 중에는 교미하기 위해서 수컷이 암컷에게 먹이가 되는 다른 곤충의 사체를 바치는 습관을 가지고 있는 것도 있다. 이 수컷 곤충은 암컷이 먹이를 먹고 있는 동안 교미를 마쳐야 한다. 그렇지 않으면 암컷은 먹이를 먹어치우는 즉시 달아나버린다. 또 고생스럽게도 교미를 하는 동안 먹이를 꾹 누르고 있어야 하는데, 그러지 않으면 암컷이 먹이를 갖고 달아나버리기 때문이다.

조류 중에는 수컷으로부터 만족할 만한 집(둥지)을 제공받지 않으면 암컷이 교미를 허락하지 않는 종도 있다. 집 단장에 약간만 소홀하면 암컷은 '내 취향이 아니야' 하고 휙 날아가버린다. 이처럼 생물에게는 어떤 종이든 암컷과 수컷 사이에는 교환조건이라는 것이 존재한다.

이런 진화의 규칙에 따르지 않는 지금 유행하는 '초식남'은 여자와 식사를 하든 영화를 보든 더치페이를 한다. 그 대신 성관계도 요구하지 않는다. 어찌 보면 그 나름대로 도리에 맞는 일이라 할 수 있겠다.

눈앞의 생존이 무엇보다 중요하다

자동차 판매 대수가 감소하는 가운데 환경을 배려한 친환경 자동차에 기대가 모아지고 있다. 그러나 친환경 자동차가 팔리는 것은 감세, 연비와 관계된 기름값 절감, 포인트 부가 등 친환경 자동차의 판매촉진에 있어 여러 가지 특전이 제공되고 있기 때문이다. 지구환경을 보호하지 않으면 안 된다! 이런 절실한 생각에서 친환경 자동차를 구입하는 사람은 그다지 많지 않을 것이다.

왜냐하면 인간은 환경문제에 관심을 가져야 한다고는 생각하지만, 실제로는 지구환경의 10년 뒤, 20년 뒤는 물론 1백 년 뒤 따위에는 전혀 흥미를 가질 수 없도록 구조화되어 있기 때문이다.

인간의 의사결정에 큰 영향력을 행사하는 대뇌변연계는 미래에 관심을 가지지 않도록 프로그램되어 있다. 다음은 이를 증명한 실험으로 행동경제학에서 자주 실시되는 '다른 시점 간의 선택'에 관한 실험이다.

① 지금 당장 2만 원을 받을 것인가, 아니면 1개월 뒤에 2만5천 원을 받을 것인가?

② 2주 뒤에 2만 원을 받을 것인가, 아니면 1개월 뒤에 2만5천 원

을 받을 것인가?

당신은 어느 쪽을 선택할 것인가? 이때 선택하는 사람의 뇌내를 fMRI로 살펴보면, 첫 번째 질문에서는 논리적 사고를 하는 전두전야는 물론 대뇌변연계의 보수계도 모두 활성화된다. 그러나 두 번째 질문과 같이 두 개의 선택지가 모두 현재가 아닌 미래의 이야기가 되면 대뇌변연계는 관심을 잃고 활성도는 뚝 떨어진다. 또한 전두전야의 신경세포는 몇 시간 뒤, 혹은 몇 개월 뒤의 설정이든 활성도가 변화하지 않는다.

논리적 사고를 하는 부위는 돈을 받는 시점이 현재든 미래든 관심도가 모두 달라지지 않았다. 지금 2만 원을 받을 것인가, 아니면 잠시 기다려도 좋으니 5천 원을 더 받을 것인가, 어느 쪽이 내게 이득이 많은가? 그 손익을 계산하는 것이다.

한편 대뇌변연계에 있는 보수계는 즉시 돈을 받을 수 있다고 기대할 때만 '기쁘다!'고 느끼고 활성화된다. 그리고 두 시스템이 비슷한 정도로 활성화되었을 때는 일반적으로 대뇌변연계가 우위에 선다. 다시 말해 현재의 유혹이 단연코 승리하는 것이다.

당연한 일이다. 대뇌변연계는 1억 년도 더 전에 살고 있던 초기 포유류의 뇌로 발생계통적으로는 가장 오래된 뇌이다. 그 무렵의 쥐와 같은 형태의 소형 포유류였던 우리의 조상에게 일주일을 기다린다면 더 많은 먹을거리를 받을 수 있다는 말을 했다고 해도 전혀 기뻐하지 않았을 것이다. 일주일 후면 벌써 굶어 죽은 후일 수도 있다. 무엇이든 지금 당장 먹을 수 있는 것에 가치를 두었다.

이런 이유로 대뇌변연계는 미래에 받을 물건의 가치를 깎아내려 저평가한다. 지금 당장 받을 수 있는 물건의 가치를 더 높이 보는 현재지향인 것이다.

소비불황을 극복하는 궁극의 수단

대부분의 사람들이 대사증후군을 우려해 살을 빼고 싶어하지만, 막상 눈앞에 초콜릿이 보이면 무심코 손을 뻗게 된다. 이유는 우리의 뇌는 현재지향적이기 때문이다. 폐암이 무서워 내일부터 당장 금연하겠다고 결심한 것이 3년 전의 일이다. 그러나 '내일'은 영원히 찾아오지 않기에 담배를 끊지 못한 채 오늘만 오늘만 하며 하염없이 끌려가는 것도 대뇌변연계 때문이다.

1년 뒤의 건강보다도 지금 눈앞에 있는 초콜릿을, 3년 뒤의 건강보다도 지금 담배 한 모금를 선택한다. 왜냐하면 미래의 날씬하고 건강한 육체나, X레이 사진을 찍었을 때 깨끗해졌을 심장과 폐 등, 미래를 상상하는 힘이 대뇌변연계에는 없는 까닭이다. 미래를 위해 CO_2 배출량을 줄이지 않으면 안 된다는 사실을 잘 알면서도, 쓰레기 분리 수거나 장바구니 휴대 같은 일을 성가시다고 생각하는 것이 우리 인간이다. 왜냐하면 대뇌변연계는 미래에는 관심이 없으니까.

무엇을 선택할지 결정하는 시점과 그 결정이 초래하는 결과가 나올 시점이 몇 개월 뒤에서 몇 년이 걸리는, 혹은 지구온난화와 같이 수십 년에서 수백 년이나 먼 미래의 경우 인간은 눈앞의 유혹을 거역하지 못하거나 현재의 이득을 우선시한다.

다시 말해, 인간은 기본적으로 친환경 자동차 그 자체에는 별 흥미가 없다. 단지 세금감면, 휘발유 값, 포인트, 그 외의 여러 가지 지금 현재 획득할 수 있는 특전이 대뇌변연계에 강하게 어필되기 때문에 관심이 높아지는 것이다. 전력소비 효율이 좋은 전자제품이 사람들에게 주목받고 인기를 끄는 것은 포인트가 부가된다든가 전기요금이 싸다든가 하는 현재의 이득이 제공되기 때문이다.

소비자는 기본적으로 환경문제에는 관심을 두지 않도록 되어 있다. 친환경 제품을 파는 방법은 현재의 이득을 강조하는 방식밖에 없다. 사회적 평판을 강조해 보수계에 강하게 어필하는 방법이다. 이와 관련해서는 제 6장에서도 언급된다. 참고해보시라.

그래도 자녀 혹은 자손이 있는 사람은 사정이 조금 다를지 모른다. 유전자를 후세에 전하기 위해서는 자신의 자손이 계속 생존해주지 않으면 곤란하다. 그래서 뇌는 제 1장에서 기술했듯이 대뇌변연계에 애정(부모가 아이에게 느끼는 것과 같은)을 탄생시킨다. 자신의 아이, 또 그 아이에게로 향하는 애정은 자연보호 활동에 협력하는 동기가 될 가능성이 있다. 하지만 여기서도 섹스리스가 큰 장애로 작용한다. 왜냐하면 섹스리스라면 자신의 아이도, 또 그의 아이도 태어나지 않을 것이기 때문이다.

어쨌든 인류의 소비의 대부분은 생존과 번식에 관계하고 있다. 생존에 관한 소비는 생활필수품이 많고 가치도 그다지 높지 않다. 반면, 번식에 관한 소비는 이성의 눈을 사로잡기 위한 '쓸모없는 소비'다. 쓸모없는 '성적 과시'를 위한 상품은 쓸모없을 뿐 아니라 고가의 물건이 많다. 그러나 이성에 흥미가 없는 소비자가 증가한다면, 이성의 시선이나 마음을 사로잡기 위한 쓸모없는 소비는 하지 않게 된다. 따라서 결혼활동, 즉 결혼을 위해 필요한 활동부터 응원하는 것이 경제를 살리는 길이 될 듯도 싶다.

제 5 장

감동과 기억이
장수 브랜드를 만든다

강에 던져진 뒤, 기억한다

중세 유럽의 어느 마을에서는 토지의 경계선을 정하는 중요한 날에는 아이를 경계석 위에 앉히고 주위 풍경을 똑똑히 기억하도록 한 뒤에 그 아이의 뺨을 갑자기 세게 때렸다고 한다. 그렇게 함으로써 수십 년 뒤에 경계를 둘러싼 다툼이 벌어져도 아이가 유아 시절의 체험을 떠올리고 경계석이 있는 곳을 증명할 수 있었다.

또 강에 집어던지는 방법도 있었다. 나들이 의상으로 차려입고 마을의 중대행사에 참가한다는 사실에 한껏 흥분해 있던 아이에게 놀라움과 공포를 맛보게 하는 것이다. 그렇게 하면 그 사건이 아이의 뇌에 강한 인상으로 남아 평생토록 기억된다. 선명하게 각인된 유아체험은 죽을 때까지 계속 기억할 수 있다.

성직자 이외에는 문자를 읽고 쓸 수 있는 사람이 없었던 무렵의 일이다. 아이에게 요즘 말하는 트라우마를 체험하도록 하여 기록을 남기는 것인데, 상당히 난폭한 기억법이기 때문에 분명 지금이라면 아동학대로 처벌을 받을 것이 틀림없다.

머릿속의 복잡한 파일 시스템

유치원 가는 길에 자전거와 정면으로 충돌한 사건, 초등학생 때 자신이 귀여워하던 고양이가 죽었던 사건, 혹은 첫 키스……. 무서웠던 일, 슬펐던 일, 심장이 하트 마크가 되어 두근거리던 일, 이런 강한 감정을 동반한 경험은 몇 십 년이 흘러도 떠올릴 수 있다. 세월이 40년이나 지난 후에도, 자전거를 운전했던 형이 부모님에게 용서를 구하는 장면이나 키스했을 때 코에 스쳤던 냄새를 떠올릴 수 있다.

뇌는 중립적인 감정을 동반하는 기억은 곧 잊어버린다. 그러나 강한 감정을 동반한 기억은 오랫동안 잊히지 않는다. 사소한 계기로도 과거의 기억을 떠올릴 수 있다. 간단히 떠올릴 수 있다는 것은 사건이 중요해서가 아니다. 그 사건이 환기한 감정이 강했기 때문에 쉽게 기억을 되살릴 수 있는 것이다.

내부자 거래로 경제계 거물이 구속된 사건은 사회적으로는 중대사건이지만, 그 뉴스를 듣고 개인적으로 강한 감정을 느끼지 않는다면 5년 뒤에 당신은 그 사건에 대해서 말끔히 잊어버릴 것이다. 그러나 자신보다 더 큰 바퀴가 얼굴을 향해 덮쳐왔던 공포는 뇌에 똑똑히 기억되어 있다. 40년 뒤에 인도를 맹렬한 속도로 달리는 자전거가 섬뜩하게 느껴질 때, 그것이 계기가 되어 40년 전에 맛보았던 공포의 감정이 검색되고 유아 시절에 자전거와 정면으로 충돌했던 사건이 의식의 세계로 이끌려나오는 것이다.

기억의 보존 방법은 조금 복잡하다. 사건의 모든 정보나 거기에 동반된 감정이 일괄적으로 보존되지 않는다. 감정을 동반한 사건이 있었던 경우 언제, 어디서, 무슨 일이 등등 사건의 정보와 그때 경험한 감정이 다른 파일로 구분된다. 그리고 각각의 파일이 뇌의 각기 다른 장소에 보관된다.

언제, 어디서, 무슨 일이 등을 담은 정보 파일도 단 하나만이 아니다. 언어, 색, 도형, 소리, 냄새, 맛, 촉감 등의 내용에 따라서 각기 다른 파일이 만들어지고 또 각각 다른 장소에 보관된다. 이런 이유로 거리에서 중학교 동창과 우연히 만났을 때 얼굴은 금세 알아보지만 친구의 이름이 좀처럼 생각나지 않는 현상이 일어나는 것이다. 얼굴, 이름, 개개의 정보는 각기 다른 파일로 다른 장소에 보존되어 있기 때문이다. 그리고 이름 같은 언어 정보가 보존되는 장소는 늘 가득 차 있기 때문에 검색하는 데 더 많은 시간이 걸린다.

꿈과 심야 도로 공사의 공통점

장기간에 걸쳐 보존되는 기억은 대뇌변연계에 있는 해마로 보내진다. 거기서 2~3년간 보관되는 동안 해마는 대뇌신피질과 협력하면서 몇 번이고 그 경험을 재현한다. 추측건대 재현 작업은 도로 공사 시 교통 흐름에 방해가 되지 않는 심야에 작업을 진행하는 것과 동일한 이유로 수면 중에 이루어질 것이다.

어쩌면 그 재현 장면을 우리는 꿈을 통해 보고 있는 것이 아닐까? 꿈에서 직장 상사와 심야버스를 타고 무슨 이유에서인지 자신의 어머니의 무덤을 찾아간다는, 현실에서 알고 지내는 사람이 비현실적인 상황에 등장하는 것은 해마가 착각을 불러일으켜 전혀 관계없는 파일을 가지고 와 한데 뒤섞었기 때문일 것이라는 추측도 가능하다.

어디에 어떤 파일이 보존되는지는 아직 분명히 알 수 없다. 그렇지만 소리에 관한 파일은 피질의 청각 영역에 있고, 이미지에 관한 파일은 피질의 시각 영역에 있다는 것은 분명하다.

수면 중에는 깊은 수면으로 의식이 없는 논렘 수면과 그렇지 않은 렘 수면이 약 90분의 사이클로 교차한다. 우리는 렘 수면일 때 꿈을 꾼다. 기억의 재구축작업을 하고 있는 해마로서는 재현하려는 사건이 발생했을 때 들은 소리를 청각 영역에서, 그때 본 풍경을 시각 영역에서 가지고 오는데 경우에 따라서는 잘못된 파일을 검색해낸다. 그 결과, 풍경과 소리가 뒤죽박죽 조합되어 '이상한 꿈'을 꾸게 되는 것이다.

기억이라는 시스템이 탄생한 이유

해마와 피질이 서로 협력하여 사건을 재현할 때 경험은 피질에 깊이 각인되고, 장기기억으로 피질에 고정화되는 단계에서 해마의 역할은 끝이 난다. 이때 소리에 관한 기억파일이 청각 영역에 고정되는 것처럼, 기억은 외부로부터의 자극을 받아들여 처리한 피질에 보존된다고 추측되고 있다. 그러나 공포체험 같은 두려움이라는 감정의 경험만큼은 일부 대뇌변연계에 있는 편도체에 보존된다. 왜? 이유는 다음을 보면 알 수 있다.

제 1장에서 서술한 바와 같이 공포는 위험에서 신속하게 도망치기 위해 만들어진 무의식의 감정(정동)이다. 독사와 마주치는 것 같은 외부의 자극은 2개의 루트를 거친다. 하나는 시상을 통해서 편도체로 보내지고 여기서는 '도망친다' 혹은 '싸운다'는 행동을 무의식중에 일으킨다. 시상은 동시에 자극정보를 신피질로 보내고, 신피질에서 약간의 시간을 들여 논리적으로 생각한다. 예를 들어 '뱀이 전혀 움직이지 않는다. 그렇다면 이미 죽은 것이다'라고 판단하고 편도체에 '안심하라'는 명령을 내려 행동을 억제하는 것이다. 결국 편도체에 공포체험을 기억시킴으로써 다음에 같은 위험에 맞닥뜨렸을 때 보다 신속하게 행동을 취할 수 있게 된다. 즉, 생존율이 높아지는 것이다.

공포를 느낀 경험, 예를 들면 독사에게 물려 아버지가 세상을 떠나는 무섭고도 슬픈 경험은 그 감정이 편도체에 보존됨으로써 뱀을 보면 무의식중에 '도망친다'는 행동을 신속하게 취할 수 있게 된다. 왜 뱀을 예로 들었는가 하면, 뱀에 대한 공포감은 너무도 강렬해서 뇌 속 깊이 각인되어 DNA에 기억되고, 그 기억이 부호화되어 우리에게까지 유전되었기 때문이다. 이런 이유로 뱀이라고는 한 번도 본 적이 없는 도시의 아이조차도 본능적으로 뱀을 싫어하고 무서워하는 것이다. 수백만 년 전에 독사의 공격으로 피해를 본 선조의 마음이 DNA를 통해서 전달된 것이다. 또한 고소공포증이나 폐소공포증도 유전자 기억의 표현이라 할 수 있다.

진화심리학적으로 표현하면 이런 기억은 생존율이나 적어도 번식률을 높이기 위해 탄생한 시스템이다. 위험한 것을 잊지 않도록 하여 다음에 같은 상황이 벌어지면 적절히 대응할 수 있도록 한다. 또 먹을 수 있는 과일은 무엇이고, 먹으면 복통을 일으키는, 경우에 따라서는 죽음에 이르는 과일이 무엇인지를 잊지 않도록 기억이 탄생한 것이다.

교토대생을 이긴 새끼 침팬지

기억이 생존율을 높이기 위해 탄생한 것이라는 사실을 여실히 증명하는 실험이 있다. 교토대학 영장류 연구소가 실시한 실험으로 침팬지에게는 눈에 비친 대상을 사진처럼 세세한 부분까지도 빠짐없이 기억할 수 있는 영상기억(포토그래픽 메모리)이 있다는 사실이 밝혀졌다. 실험은 스크린 상에 잠깐 나타났다가 사라지는 1~9의 숫자가 어느 장소에 어떤 순서로 나타났는지를 얼마나 정확히 기억하는가를 조사한 것이다.

5세의 침팬지는 나타났다가 사라질 때까지의 시간이 최단 210밀리초(1밀리초는 1천 분의 1초)인 경우에도 숫자가 나타난 장소와 순서를 쉽게 기억할 수 있었다. 반면, 같은 영상을 어미 침팬지나 대학생에게도 시도해보니, 정확도나 속도에서 새끼 침팬지가 어미 침팬지보다도 높았고 인간인 대학생의 기록이 가장 낮았다.

하나의 숫자가 나타났다가 210밀리초 내에 사라진다는 것은 눈동자를 움직여 숫자를 볼 시간이 없을 만큼 짧다는 것이다. 한눈에 복잡한 광경이나 패턴을 기억하지 않으면 안 된다. 즉, 어린 챔팬지는 영상기억이라 불리는 능력을 가지고 있는 것이다. 인간의 경우 어린 아이에게 이런 능력이 보이는 사례는 있다. 하지만 대부분의 경우 성장하면서 함께 사라지는 것 같다.

이런 정교한 단기기억능력을 인류도 오랜 옛날에는 가지고 있었다. 그리고 그 덕분에 어디에 열매가 열리는 나무가 있는지, 또 나무의 가지 형태까지 생생한 그림처럼 기억할 수 있었을 것으로 전문가들은 예측한다. 그리하여 우리의 조상은 정글 속에서도 길을 잃지 않고 무리가 있는 곳으로 돌아갈 수 있었다. 생존에 필요한 정보를 기억할 수 있었던 것이다. 하지만 언어를 구사하고 언어에 의지해 기억하게 되면서 인간에게 이런 능력이 사라진 것으로 추측된다.

기억은 사실과 다르다

해마는 신피질과 협력해 기억을 재현하고 몇 년에 걸쳐서 고정화한다. 하지만 이 작업으로 기억이 더 진실에 가까운 완벽한 것이 되느냐 하면 결코 그렇지 않다. 인간의 기억은 새로운 경험을 뇌에 보존하는 단계, 고정화하는 단계, 그리고 검색하는 단계로 나뉜다. 그런데 이 세 가지 각각의 단계에서 사실이 왜곡되는 경우가 흔히 발생하곤 한다.

우선 처음 보존하는 단계에서 모든 정보가 보존되지는 않는다. 인간은 무의식중에 자신에게 필요하다고 판단되는 파일만 선택해 보존한다. 보존 장소의 용량도 문제가 된다. 모든 것을 보존하기에는 그 용량이 턱없이 부족하기 때문에 취사선택을 하는 것이다. 이때 이미 축적 보존된 장기기억의 내용에 의해서 어떤 정보를 보존할 것인지가 결정된다. 자신에게 의미가 있는 정보가 보존될 확률이 높다는 것인데, 이 경우의 '의미 있다'는 것은 새로운 정보와 장기간에 걸쳐서 보존되고 있는 정보 사이에 어떤 관계가 존재한다는 것이다.

'과거의 자신이 지금의 자신을 만들었다.' 이것은 분명한 사실이다. 기억의 보존방식은 이 말처럼 '과거의 자신'을 요약한 기억이 '지금의 자신'이 무엇을 기억할지 취사선택을 하고 있는 것이다.

검색할 때의 신호가 기억을 일그러뜨리는 일도 자주 있다. 정보를 보존했을 때와 다른 신호가 사용되면, 파일을 검색할 수 없을 뿐만 아니라 전혀 상관없는 파일을 불러오는 일도 있다. 주변에서 흔히 일어나는 사례로, 정기적으로 다니는 치과의 의사를 거래처 회사가 입주해 있는 건물에서 우연히 만났다고 가정해보자. 얼굴은 눈에 익은데 늘 입고 있는 흰색 가운을 입고 있지 않다. 이 경우, 흰색 가운이 신호인데 그 흰색 가운을 입고 있지 않은 것이다. 따라서 정장차림의 치과 의사를 보고 틀림없이 거래처 회사의 직원일 것이라 판단해버린다.

잘못된 신호가 심각한 문제로 발전하는 일도 있다. 정신분석의 창시자인 프로이트는 19세기 빈에서 신경증 환자를 치료했다. 프로이트는 그 경험을 통해 "환자는 정신분석의가 시사하는 바에 따라 자신의 어린 시절을 새롭게 창조하는 경우가 있다"라고 했다. 예를 들면, 마음의 문제를 안고 정신과에 다니는데, 의사가 유아 시절 학대를 받은 일이 문제의 원인이 아닐까 시사한다. 그러면 사실 학대받은 일이 전혀 없었음에도 불구하고 그 기억이 사실처럼 되살아난 사례가 있다. 1990년대에 미국에서는 잘못된 시사를 주었다고 하여 정신분석 의사가 고소당하는 일이 속출해 문제가 되기도 했다.

미국의 심리학협회는 현재 '어린 시절에 성적 학대를 받은 사람들 중 대다수는 자신에게 일어난 모든 일을, 아니면 부분적으로라도 떠올릴 수 있는데, 그 같은 감정적인 사건을 잊어버렸다가 나중에 떠올리는 일은 (전혀 없는 것은 아니지만) 매우 드물다'는 견해를 취하고 있다.

이들의 견해대로라면, 앞으로는 사이코 스릴러 소설이나 텔레비전 드라마의 이야기는 더욱 만들기 어려워질 것이다. 왜냐하면 살인 동기가 범인 자신도 모르는 잠재의식 속에 있고, 그것은 유아기에 형성된

트라우마에 있었다고 하는 흔한 줄거리는 이제 더 이상 사용할 수 없기 때문이다.

광고도 기억을 왜곡시킬 수 있다

인간은 신호에 따라서 사실과 완전히 다른 과거를 떠올리기도 한다. 그리고 나서 스스로 실제로 일어난 일이라고 믿어 의심치 않는다. 광고도 기억에 큰 영향을 주는 신호가 된다.

어린 시절 디즈니랜드로 놀러 갔던 경험은 마치 꿈처럼 즐거웠다고 기억하고 어른이 되어서도 그 추억을 떠올린다. 그런데 이렇게 인상적인 기억조차 디즈니랜드에서 일어날 리 없는 상황을 선전하는 광고를 보면, 사실과는 전혀 다른 내용으로 되살아난다.

미국의 저널 「심리학과 마케팅」에 다음과 같은 실험 결과가 게재되었다.

'피험자인 대학생에게 보여준 광고에서 감격으로 눈물이 그렁그렁한 아이들과 악수를 하는 것은 미키마우스가 아니라 토끼인 벅스 바니였다. 벅스 바니는 유명한 토끼 캐릭터이지만 디즈니랜드에는 살지 않는다. 이 잘못된 광고를 본 뒤 잠시 동안 다른 작업을 한 다음에 어린 시절 디즈니랜드로 놀러 가서 무엇을 했는지 질문에 답하도록 했다. 대학생의 30퍼센트가 벅스 바니와 악수했다는 잘못된 추억을 옳은 기

억이라고 기입했다.'

　이처럼 인간의 기억은 매우 불확실하다. 심리학자나 정신과학자는 자주 '기억은 창조적 구축의 결과로 사실과는 다른 것'이라고 말한다. 저명한 심리학자인 다니엘 스캐터(Daniel Schacter)는 '기억은 과거에 관한 것이라는 생각은 잘못된 것'이라고 말한다. 결국 기억은 현재의 자신의 생각과 미래에 바라는 희망에 큰 영향을 받아 떠오르는 것이다.

　뇌는 이런 희망에 반응하도록 되어 있다. 예를 들어, A라는 사람이 마음의 고민을 안고 정신과 의사를 방문했는데, 그곳에서 "유아기에 어떤 학대를 받았던 것은 아닌가" 하는 시사를 받는다. 그러면 뇌는 그 기억을 창조하여 사실로 제공한다. 왜 이런 일이 일어나는가? 뇌의 관심은 자신이 속한 개체 A의 생존에 있다. A는 마음의 고민으로 어쩌면 자살까지 생각하고 있을지도 모른다. 그런데 '나는 학대를 받았다. 그래서 이런 기분이 되었다'고 고민의 원인을 명확히 하는 것으로 새롭게 인생의 첫걸음을 내딛게 될지도 모른다. A의 생존율을 높이기 위해 뇌는 기꺼이 거짓된 진실을 창조하는 것이다.

설문조사로는 소비자를 이해할 수 없다

　기억은 반드시 실제로 일어난 일만이 아니라는 사실이 밝혀짐으로써 소비자 조사 방식도 달라진다. 소비자가 무의식중에 사실과 다른 것을 떠올리는 것이라면 설문조사의 내용을 어디까지 신용하면 좋을지 알 수 없기 때문이다. 또한 이미 언급했듯이 소비자는 무의식의 감정에 영향을 받아 의사결정을 하는 일이 많다. 즉, "당신이 그 상품을 좋아하는 이유는 무엇입니까?"라는 질문에 대답했다면, 그 대답이 얼마나 사실에 가까운 것인지는 본인조차 알 수 없다.

실제로 상당수 기업의 신상품 개발 담당자들이 설문조사의 결과와 소비자의 실제 행동의 괴리로 고민하고 있다. 그들은 "소비자를 도통 이해할 수 없다" 또는 "소비자는 변덕쟁이다"라고 한탄한다. 하지만 그들 중에는 소비자의 구매 선택을 좌우하는 무의식적인 감정과 기억의 불확실성에 대하여 알게 되면서 소비자의 모순된 행동을 이해하게 되었다고 말하는 사람들도 있다.

다음은 일용품 소비재를 생산하는 회사 중 세계 제일이라 할 수 있는 P&G 회장이 「닛케이 비즈니스」와의 인터뷰에서 한 말이다.

"소비자는 우리에게 명확한 답을 제공할 리 없다. 그러나 제품을 사용하고 나선 반드시 어떤 반응을 보여준다. 그것을 끈기 있게 관찰하는 것이 중요하다."

최근에는 소비자에게 의견을 묻는 것이 아니라, 소비자의 행동을 관찰하는 조사 방법을 채용하는 기업이 증가하고 있다. 통근·통학 전철 안에서 몇 시간이나 앉아 출퇴근하는 승객이나 학생의 노트북이나 휴대전화 사용 모습을 유심히 관찰하는 IT 기업, 10대 젊은이의 가치관을 이해하기 위해 방에 무인카메라를 설치하고 24시간 비디오로 촬영하는 엔터테인먼트 기업, 세면대나 거울 주위에 어떤 화장품과 화장도구가 어떻게 놓여 있는지를 한눈에 알 수 있는 사진을 받아보는 식으로 문답식 설문조사를 보완하려는 화장품 회사 등이다.

감정에 호소하는 체험을 제공할 수 있다는 환상

1990년대에 경이적인 진보를 이룬 신경과학은 소비자 조사에 큰 영향을 미쳤다. 신경과학이 마케팅에 미치는 영향은 여기에 그치지 않았다. fMRI로 뇌내를 확인할 수 있게 되고, 인간의 뇌가 어떻게 기능하는가에 대한 새로운 발견이 계속되는 가운데 미디어가 즉각적으로 달려든 주제는 '감정과 이성의 다툼'이다.

그리스의 철학자 플라톤이 두 마리의 말이 끄는 이륜전차에 빗대어 이성을 감정과 욕망의 두 마리 말을 제어하는 전사에 비유한 이래 이성과 감정의 대립은 서양철학의 영원한 테마로 끊임없이 논쟁의 대상이 되어왔다. 그런데 '이성과 감정의 대립에 마침내 종지부가 찍히다'라는 제목이 수많은 기사를 장식하게 되었다. 즉, 인간의 뇌는 감정(대뇌변연계)과 이성(대뇌신피질, 그중에서도 전두전야)이 서로 협력하지 않으면 간단한 의사결정마저 불가능하다는 것이다. 이 현상을 어느 심리학자가 '감정과 이성의 댄스'라고 적확하게 묘사했듯이, 양자가 발을 맞추지 않으면 춤출 수 없다. 그러나 댄스에서 리드하는 쪽이 남성으로 정해져 있듯이, 때때로 감정(대뇌변연계)이 이성을 리드한다. 기사는 그 같은 사실이 fMRI로 확인되고 분명해졌다는 내용이었다.

마케팅 관계자도 신경과학의 새로운 발견에 뛰어들었다. 그 결과 1990년대 말에는 '고객의 감정에 호소하는 경험을 제공하는 것'과 '고객에게 감동을 선사하는 것'이 고객 로열티로 이어진다는 내용의 마케팅 서적이 다수 출판되어 베스트셀러가 되었다.

소비자나 고객에게 감동을 선사하는 것만큼 멋진 일은 없다. 감동을 받은 소비자는 해당 기업이나 브랜드를 대하면 즐겁다, 기쁘다, 인간적이다, 라며 행복한 감정을 동반한 경험을 잊지 않고 오랫동안 기억할 것이다. 또한 그 기업의 서비스를 지속적으로 이용하고 브랜드를 재구매할 것이다. 그뿐만 아니라, 자신의 긍정적인 경험을 친구나 지인에게 이야기하고, 블로그에 글을 올리고, 페이스북 같은 소셜 네트워킹 서비스를 통해 기업과 브랜드의 평판을 널리 확산시킨다.

이렇게 된다면, 그야말로 만만세다! 그런데 여기서 불현듯 이런 생각을 해본다. 기업이 제공해야 하는 것은 기쁨과 즐거움이라는 긍정적인 감정이다. 그러나 지금까지 서술한 바와 같이 대뇌변연계라는 발생 계통적으로 오래된 뇌는 긍정적인 감정보다는 부정적인 감정과 깊은 관련이 있다.

'강한 감정을 동반한 경험은 장기간에 걸쳐서 기억된다'는 사실은 장수 브랜드나 고객 로열티를 창조하고 싶은 기업에겐 아주 혹할 만한 내용이다. 그런데 신경과학에서 이루어지고 있는 연구 발표는 1백 퍼센트라고 해도 좋을 만큼 부정적인 감정에 관한 것들뿐이다. 공포 같은 강렬하고 부정적인 감정은 편도체에 보존되어 평생 잊히지 않는다. 하지만 그렇다고 기업이 부정적인 감정을 마케팅에 이용할 수는 없다. 기업은 고객에게 기쁨과 즐거움, 행복감을 제공하는 대가로 수익을 창출하는 것이다.

인간만이 감동을 선사할 수 있다

소비자나 고객이 장기간에 걸쳐 기억할 만큼, 강하고 긍정적인 감정을 동반한 경험을 제공할 수 있는 기업은 분명 존재한다. 많은 성공 스토리도 있다. 초호화 호텔인 리츠칼튼은 마음이 담긴 서비스로 유명한데, 고객에게 감동을 선사한 실제 사례를 소개한 책도 다수 출간된 바 있다. 다음은 플로리다 리츠칼튼에서 있었던 에피소드다.

저녁 무렵 해변에서 한 청년이 호텔 종업원에게 의자를 빌려달라고 부탁했다. 종업원이 그 이유를 물으니 석양에 붉게 물든 바다를 연인과 바라보면서 프러포즈를 할 생각이라고 했다. 이를 위해 그녀가 앉을 의자가 필요하다는 것이다. 호텔 종업원은 의자뿐 아니라, 적당히 온도를 맞춘 샴페인과 샴페인 잔, 거기에 붉은 장미 한 송이로 장식한 테이블도 함께 준비했다.

미국에 있는 노드스트롬이라는 백화점은 1980년대에 훌륭한 고객

서비스로 명성이 자자했다. 노드스트롬의 수많은 감동 사례 중 하나로 이런 에피소드가 있다.

지방에 사는 부부가 노드스트롬에서 쇼핑을 하다 문득 정신을 차려 보니 비행기가 출발할 시간이 다 되어 있었다. 황급히 계산했던 탓인 지 백화점 계산대에 비행기 티켓을 두고 깜빡 잊고 가버렸다. 그 사실 을 알아차린 점원은 택시를 타고 서둘러 공항까지 고객을 쫓아갔다.

호텔이나 백화점, 혹은 디즈니랜드 같은 테마파크에서 자주 탄생하 는 이런 감동 에피소드들에는 어딘가 비슷한 점이 있다. 고객이 예상 하고 있던 이상의 서비스를 호텔 종업원이나 점원, 즉 인간이 제공한 다는 것이다.

세계적인 조사 전문 회사 갤럽이 니혼의과대학과 협력해, 도쿄의 고 급 백화점 중 감정적인 유대감을 느끼는 백화점을 생각할 때의 고객의 뇌를 fMRI로 관찰한 적이 있다. 그 결과 백화점에 감정적 유대감을 갖 고 있는 고객은 해당 백화점을 떠올릴 때 감정에 관계하는 부위, 구체 적으로 말하면 감정과 논리적 사고를 정돈·통합하는 기능을 한다고 보이는 전두엽 안와피질의 신경세포가 활성화되었다. 이와 함께 측두 엽에 있는 방추상회(fusiform gyrus)와 측두극(temporal pole)도 강하 게 활성화되었다. 대부분의 학자는 방추상회는 얼굴을 구분하는 기능 이 있고, 측두극은 얼굴 인식이나 기억, 대화에 대한 기억에 관계한다 고 추측한다.

다시 말해 고객은 자신이 자주 가는 매장을 생각할 때 점원의 얼굴이나 말을 떠올린다고 해석해도 좋다. 이 고객은 점원의 응대에 만족하고 감격했을 뿐 아니라, 그 감정으로 백화점에도 로열티를 느꼈다. 종업원(인간)이 고객에게 감동을 선사할 수 있는 것이다. 따라서 오랫동안 기억에 남는 긍정적인 감정 체험을 제공하는 성공 스토리는 호텔이나 소매점과 같은 서비스업에 한정된다.

그렇다면 인간을 경유하지 않는 비(非) 서비스 기업은 고객에게 감동을 선사할 수 없는 것일까? 제조판매하는 상품(브랜드)만으로는 충분히 강렬하고 긍정적인 감정 체험을 제공할 수 없는 것일까? 이런 문제에 접근하기 이전에 여기서는 긍정적인 감정이 인간에게 어떤 영향을 미치는가? 그리고 긍정적인 감정은 왜 만들어졌는가? 같은 보다 근본적인 유래에 대해 먼저 생각해보고자 한다.

즐거운 감정은 어떻게 탄생했는가

공포와 분노 같은 부정적인 감정에 대해 연구하는 심리학자는 많다. 하지만 기쁨이나 행복 같은 긍정적인 감정에 대한 연구는 그다지 주목받지 못했다. 긍정심리학이라는 학문이 등장하게 된 것도 1990년대 말이다.

이유는 몇 가지가 있다. 우선 첫 번째로, 긍정적인 감정은 구별하기 어렵다. 기쁨과 즐거움은 어떻게 다른가? 즐겁다는 것과 재미있다는 것의 차이는 무엇인가? 행복감은 감정이 아니라 기분(분위기)이라고 말하는 심리학자도 있다.

공포, 분노, 슬픔은 각각 매우 다른 상황에서 만들어지는 감정이고 얼굴 표정도 확연히 다르다. 그러나 즐거울 때, 기쁠 때, 행복을 느낄 때의 얼굴 표정에는 그다지 차이가 없다.

공포가 도망치는 것을, 분노가 상대를 공격하는 것을, 혐오가 음식물을 토해내는 것을 재촉하듯이 부정적인 정동은 특정 행동을 유발시키려는 목적이 분명하다. 감정을 나타내는 영어 '이모션(emotion)'은 라틴어의 '에모베레(emovere)', 즉 '일한다', '행동한다'는 단어에서 왔다. 이런 관점에서 보면 특정 행동을 목적으로 하지 않는 '기쁨'을 감정이라 부르는 것은 적절하지 않은지도 모른다. 행복감도 마찬가지로 기분(분위기)이라고 생각하는 것이 좋을지 모른다.

기쁨이라는 감정은 인류 진화에 어떤 역할을 해왔던 것일까? 만족스러운 설명을 발견할 수 없었다. 이 또한 긍정적인 감정에 대한 연구가 뒤처진 원인이다.

긍정적 감정은 생리적 압박을 경감시킨다

공포나 혐오 같은 부정적인 감정은 우리의 조상이 '사느냐', '죽느냐' 하는 위기의 상황에 필요한 감정이었다. 그에 비해 긍정적인 감정은 위기의 상황에서 인류의 생존율을 높이는 데 이렇다 할 도움이 안 되었던 것 같다.

그런데 사실 긍정적인 감정은 우리의 조상이 곤란한 상황에 맞닥뜨렸을 때, 직접적이지는 않지만 간접적으로 도움이 되었던 것은 아닐까? 예를 들어 부정적인 감정이 육체에 끼친 나쁜 영향을 없애주는 효과가 있는지도 모른다.

공포나 분노는 혈압을 높이고 심박수를 증가시키고 순환계(循環系)의 활동을 활발하게 한다. 이것은 순간적으로 적으로부터 도망치거나 적과 싸우기 위한 육체적인 준비로써 필요했다. 그러나 스트레스가 장기간 지속되면 심장에 악영향을 미친다. 어쩌면 긍정적인 감정은 되도록 빠른 시간에 이런 악영향을 받는 상태에서 벗어날 수 있게 돕는 역할을 했던 것이 아닐까?

긍정심리학의 일인자인 노스캐롤라이나대학 바바라 프레드릭슨(Barbara Frederickson) 교수는 자신의 가설을 증명하기 위해 재미있는 실험을 실시했다.

먼저 피험자가 부정적인 감정을 느끼도록 "지금부터 1분의 시간을 줄 테니 그동안 연설 준비를 하라. 연설하는 모습은 촬영될 것이고, 나중에 그 비디오를 본 동료들이 연설 내용에 대해 평가할 것이다"라고 알려 피험자들을 부담스럽게 만들었다.

짧은 시간에 연설을 준비하지 않으면 안 된다. 게다가 동료들의 평가를 받으니 부끄러운 수준의 연설을 하면 안 된다. 이런 압박감은 피험자에게 불안을 초래한다(사람들 앞에서 연설하는 데 대한 공포는 높은 곳에서 느끼는 공포나 폐소공포증과 같이 DNA를 통해 고대부터 유전된 공포증 중 하나가 아닐까 생각한다). 불안을 느끼는 피험자의 심박수는 증가하고 말초혈관이 수축하여 혈압은 높아졌다.

그 뒤 연설은 할 필요가 없다고 알리고, 각각의 피험자에게 4개의 영상 중 하나를 보여줬다. 4개의 영상 중 2개는 온화하고 긍정적인 감정을 환기시키는, 즐거움이나 만족감을 느끼게 하는 영상이었다. 그리고 나머지 2개의 영상 중 하나는 슬픔이라는 부정적인 감정을 환기시키는 영상이고, 마지막 하나는 중립적인, 특별히 이렇다 할 감정을 일으키지 않는 영상이다. 영상은 무작위로 분배했다. 그러고 나서 연설을 준비하라는 통지를 받고 변화된 순환계의 수치가 피험자의 평상시 수준으로 돌아올 때까지의 시간을 측정했다.

결과는 긍정적인 감정을 환기시키는 영상을 본 사람들의 순환계 수치는 중립적인 영상을 본 사람보다도 빨리 회복됐고, 슬픔을 환기시키는 영상을 본 사람들의 수치가 가장 더디게 회복됐다. 즐거운 영상을 본 사람들의 수치가 통상 수준으로 돌아오는 데는 약 20초가 걸렸던 것에 비해, 슬픈 영상을 본 사람들의 경우는 약 40초로 2배의 시간이 걸렸다.

이 실험 결과로 볼 때 긍정적인 감정은 부정적인 감정이 초래한 생리적 상처를 경감시키는 효과가 있다는 사실은 분명한 듯하다.

문명을 쌓아올린 긍정적 감정

'부정적인 감정은 엄습해오는 위험에서 도망쳐야 한다는 생각으로 마음을 가득 채워 한 가지 일에 집중시키는 작용을 하고, 긍정적인 감정은 마음을 오픈시키는 작용을 하는 것이 아닐까. 부정적인 감정을 느낄 때는 지금 존재하는 위기에 마음을 집중시키고 둥지 안에 틀어박혀 자신을 지키는 것만을 생각하는 반면, 긍정적인 감정을 느낄 때는 보다 폭넓게 자신의 주위에 주의를 기울이고, 사회의 다른 구성원과의 유대를 더욱 강고히 하고, 새로운 아이디어나 경험을 용이하게 받아들여 보다 창조적이 되는 것이 아닐까.'

프레드릭슨 교수는 이런 자신의 생각을 증명하기 위해 또 다른 실험을 실시했다. 피험자에게 긍정적인 감정 혹은 부정적인 감정을 일으키는 영상을 보여주고, 그 뒤 피험자가 거시적 관점에서, 즉 전체에 주의를 기울이는가, 아니면 미시적 관점에서 세부까지 주의가 미치는가를 관찰했다.

이 실험은 어떤 도형을 보여주고 비슷한 도형을 2개의 선택지에서 선택하게 하는 것인데, 피험자가 전체적으로 보는가, 아니면 세부에 주의를 기울이는가에 의해서 어느 쪽 도형을 선택하는지가 갈린다. 닮은 도형을 선택하는 과정 전에 보여주는 영상에는 펭귄이 얼음 위를 뒤뚱뒤뚱 걸어 무심결에 웃음을 이끌어내는 유머러스하고 즐거운 영상, 깎아지른 절벽 위에 서 있어 공포를 환기시키는 영상, 어떤 감정도 환기시키지 않는 영상이 준비되었다.

실험 결과는 부정적인 감정이나 중립적인 감정을 환기시킨 피험자에 비해 긍정적인 감정을 환기시킨 피험자가 폭넓은 관점(거시적 관점)에서 사물을 보는 경향이 매우 높은 것으로 나타났다. 긍정적인 감정은 개인의 사고방식을 폭넓게 확장시켜 사회적 유대를 구축하고, 탐구심이나 발견을 재촉하며, 학습하고 배우도록 촉구할 뿐 아니라 인격적 성장을 초래했다. 다시 말해, 다양한 도구의 발명, 동굴 벽화에서 볼 수 있듯이 예술에 대한 흥미, 집단의 구성원들이 서로 협력해 한 가지 목표를 달성하는 것 등등을 촉진하여 문명을 구축하는 것으로 이어졌다.

우리의 조상은 기쁨, 행복, 만족, 감사 같은 온화한 기분을 느낌으로써 새로운 것을 배우고 문제 해결 능력을 익힐 수 있었으며, 감사의 마음을 통해 동료들과 깊은 유대를 형성하여 곤란한 상황에 빠졌을 때 회복하는 힘이나 낙관주의를 강화시킬 수 있었다. 이는 간접적으로 생존과 번식의 확률을 높이는 데 도움이 되었다.

쥐도 유인원도 '웃을 수 있다'

기쁨이라는 감정이 언제쯤 탄생한 것인지를 아는 것은, 곧 인간은 언제부터 웃을 수 있게 되었는가를 아는 것이기도 하다. 왜냐하면 웃는 얼굴은 '기쁨'을 외부로 나타내는 표정이기 때문이다. 그리스의 철학자 아리스토텔레스는 '동물 가운데서 웃는 것은 인간뿐'이라고 쓰고 있다. 하지만 이것은 잘못된 인식이다. 침팬지나 피그미침팬지, 고릴라 같은 영장류도 웃을 줄 안다.

인류가 태어나기 전에 이미 웃음이라는 것이 존재했던 것이 아닐까? 이런 의문을 가졌던 연구자들이 침팬지, 피그미침팬지, 고릴라, 오랑우탄, 이렇게 4종의 영장류의 웃음소리를 녹음하여 인간의 웃음과 비교해 보았다. 음향상 비슷한 순서대로 나열하자면, 인간의 웃음소리는 침팬지와 피그미침팬지의 웃음소리와 가장 유사했고, 그 다음이 고릴라, 오랑우탄 순이었다. 이는 '생명의 나무(Tree of life, 다윈의 핵심 이론 중 하나. 갖가지 생명체들은 한 뿌리에서 나무의 줄기가 뻗어나가듯, 한 조상에서 각각 다른 계통으로 진화한다는 이론. 인간은 수많은 가지 중 하나의 끝에 있는 진화의 최종 단계이며, 다른 생물들도 각자 가지 끝에 있는 진화의 최종 단계이다)'의 순서 그대로다. 영장류의 공통 선조는 이미 웃을 줄 알았다. 즉, '웃음'이라는 기능은 1천만~1천6백만 년 전에 이미 존재하고 있었던 것이다.

쥐도 웃는다. 쥐를 웃기는 실험은 인터넷 동영상으로 발표되어 누구든 볼 수 있다. 인간이 손으로 배를 간질이면 쥐가 자빠지며 즐거운 듯이 찍찍 하고 웃음소리를 낸다. 실험에서 쥐의 웃음소리는 진동수 5만 헤르츠의 초음파이기 때문에 인간은 들을 수 없다. 그러나 동영상에서는 진동수를 낮춰 누구나 들을 수 있도록 했다.

이 실험을 한 과학자는 쥐가 자신의 웃음소리를 초음파 수준으로 만든 것은 악어와 같은 포식자들이 알아차리지 못하도록 하기 위해서라고 생각했다. 짧은 파장의 소리는 먼 곳까지 전달되지 않고, 또 풀잎과 같은 미미한 사물도 장해물이 되어 음파를 굴절시킨다. 따라서 풀숲에서도 쥐들은 안심하고 서로 장난치며 놀 수 있었던 것이 아닐까.

'쥐가 웃는다는 사실을 알았다고 해서 그것이 뭐 어떻다는 거야?' 하고 생각하는 사람도 있을지 모른다. 그런데 이는 상당히 중요한 발견이다. 왜냐하면 쥐가 웃는다는 것은 포유류가 상당히 오래 전부터 웃었음을 의미하며, 곧 기쁨의 감정을 느낄 수 있었다는 이야기가 되기 때문이다. 현생의 쥐와 인간의 공통 조상이 지구상에 살고 있었던 시기는 약 7천5백만 년 전이다. 그렇다면 공포나 분노만큼은 아니더라도 기쁨이라는 감정 또한 동물에게는 근원적인 정동 중 하나라는 것이 된다.

여기서 이번 장의 제목과 관련된 이야기로 되돌아가보자. 브랜드 상품은 이러한 긍정적인 감정을 구매자에게 제공할 수 있는가 하는 이야기였다. 처음 상품을 구입했을 때뿐 아니라 오래도록 기억에 남을 수 있는, 그 브랜드를 떠올리면 긍정적인 감정이 샘솟는 그런 브랜드를 만들 수 있는가 하는 문제다.

긍정적인 감정을 불러일으키는 장수 브랜드

브랜드 로열티는 기억과 감정에서 만들어진다. 슈퍼마켓에서 물건을 구입할 때 기본제품과 브랜드 상품은 뇌내에서 활성화되는 부위가 다르다는 사실을 밝힌 실험이 있었다.

어느 회사의 제품이든 특별한 차이가 없는 밀가루나 소금과 같은 기본제품을 선택할 경우 구매자의 뇌 속에서는 기억에 관계하는 부위가 활성화되었다. 예전에 그 밀가루를 사용하여 쿠키를 만든 적이 있는지 없는지를 떠올리는 것인지도 모른다. 그러나 세제나 커피 같은 브랜드 선호도와 관련된 상품을 구입할 경우, 과거의 경험에 근거한 감정적인 선택을 한다는 사실을 보여주는 신경세포가 활성화되었다.

감정과 기억에 의해 파워 브랜드가 만들어진다는 사실을 증명할 때 반드시 소개되는 것이 코카콜라와 펩시콜라의 비교실험이다. 그중에서도 2003년 미국 베일러대학교에서 신경학자 리드 몬테규(Read Montague) 교수에 의해서 실시된 실험은 마케팅에 정신과학 테크놀로지를 채용한 첫 실험으로 유명하다.

우선 흔히 실시되는 블라인드 테스트가 시도되었다. 브랜드명을 가리고 펩시콜라와 코카콜라를 마시게 하여 어느 쪽이 맛있는지 묻는다. 펩시콜라가 코카콜라보다 맛있다고 대답하거나 그 반대의 경우도 있어 결과는 반반씩이었다.

그러나 피험자들을 fMRI에 들어가도록 한 뒤 실시한 블라인드 테스트에서 흥미로운 결과가 도출됐다.

그룹 1: 2개의 컵에 담긴 액체를 마시게 한다. 양쪽 모두 펩시콜라다. 단, 마시기 전에 처음 것은 펩시콜라라고 알려주지만 두 번째 것은 코카콜라와 펩시콜라 중 하나라고 알려준다.
그룹 2: 그룹 1과 마찬가지로 두 종류의 음료를 마시게 한다. 단, 양쪽 모두 코카콜라다. 처음 것만 브랜드명을 알려주고 두 번째 것은 알려주지 않는다.

시음 후, 어느 쪽 음료가 맛있었는지 물었을 때, 펩시콜라를 마신 그룹 1에서는 절반이 처음에 마신 음료, 즉 펩시콜라라고 브랜드명을 알려준 것을 선택한다. 그러나 코카콜라를 마신 그룹 2에서는 압도적 다수가 코카콜라라고 브랜드명을 알려준 쪽의 음료를 선택했다.

실험 중의 뇌의 움직임을 분석하면, '코카콜라'라는 브랜드명을 분명히 밝히지 않았을 때는 보수계의 일부라 여겨지는 안와전두피질이나 전두전야 복내측부가 활성화되었다. '코카콜라이기 때문에 이 정도는 맛있을 것'이라고 보수의 정도를 예기하고 있는 것이다. 그 뒤에, 피험자가 마신 것이 펩시콜라라고 알려주어도 참가자의 뇌 활동은 그다지 변하지 않았다.

그러나 그룹 2에서 코카콜라를 마신다고 알려주면 뇌의 이쪽저쪽의 신경세포가 점화하기 시작했다. 해마, 중뇌, 전두전야 배외측부, 시상,

왼쪽 시각 영역 등 여러 다양한 곳이 활성화되었기 때문에 코카콜라는
명백히 펩시콜라보다 강한 정신 반응을 환기시키고 있다는 사실을 알
수 있었다.

몬테규 교수는 실험 결과를 이렇게 요약했다.

"피험자는 코카콜라를 두 가지의 수준으로 체험한다. 하나는 감각적
보수, 즉 미각이나 탄산으로 느낄 수 있는 촉각 또는 후각 등의 자극
을 통한 쾌감이다. 그리고 다른 하나는 코카콜라라는 브랜드명을 의식
적으로 인식한 결과로, 자신의 신념이나 자기 아이덴티티 감정의 환기
다."

자신의 신념이나 자기 아이덴티티의 감정이 환기된다는 것은 대체
어떤 의미일까?

장수 브랜드에는 추억이 가득하다

누구든 어린 시절부터 어머니에 관한 수많은 추억을 간직하고 있을
것이다. 친구를 때려 상처를 입히고서 심하게 꾸중을 들어 슬펐던 기
억, 슈퍼마켓에 함께 물건을 사러 가서는 "형한테는 비밀이야" 하고
늘 초콜릿을 사주어서 즐거웠던 기억 등 엄청나게 많은 추억이 뇌 이
곳저곳에 흩어져 기억되고 있다. 이 모든 기억을 단번에 떠올리는 것
은 사실 불가능하다. 그래서 지금 이 순간 일어나고 있는 사안과 관계

있는 것만을 검색한다.

예컨대 전화로 "빨리 결혼해라" 같은 잔소리를 들으면 '그러고 보니 어머니는 어린 시절부터 늘 공부하라고 시끄럽게 잔소리했다'는 사실을 떠올리고 "뭐든지 자기 생각대로 밀어붙이는 고집쟁이다. 형은 그런 어머니 성격을 빼닮았지만 나는 안 닮았다"라며 중얼거리게 된다.

그런가 하면 고향의 맛이 그대로 담긴 음식을 택배로 받아 한 입 베어 무는 순간에는 불현듯 어린 시절 여름 축제 때 어머니가 손수 만들어주었던 많은 요리들이 머릿속에 떠오르기도 한다. '언제나 맛있는 요리를 만들어주셨는데' 하고 마음이 훈훈해지면서 '가끔은 아버지 산소도 둘러봐야 하는데…… . 어머니도 많이 외로우실 테니 자주 연락을 드려야겠다'라며 자신의 무심함을 반성하기도 한다.

어머니를 떠올릴 때는 어머니에 관한 에피소드뿐 아니라, 자신의 가치관이나 인생관을 포함한 '신념', 사회에 있어 자신의 위치를 명확히 인식하는 '아이덴티티'의 감정도 동반하는 것이다.

브랜드도 이와 똑같다. 오랫동안 시장을 점유해온 장수 브랜드에는 어린 시절의 추억이 가득 담겨 있다. 따라서 코카콜라는 뇌 이곳저곳의 신경세포를 발화시킬 수 있다.

'위스키의 추억'도 소개해보자.

취업을 위해 어느 회사를 방문한다. 그 회사에서 일하는 선배가 자신을 가까운 바로 데리고 가서는 "네 성적으로는 입사하기 어렵다"라고 조언해준다. 늘 놀기만 하고 공부하지 않은 데 대한 후회와 자신에 대한 실망, 뭐라 형용할 수 없는 좌절감……. 그 바에 선배가 맡겨 놓은 위스키는 산토리(Suntory)의 네모난 병이다. 특징이 있는 병 모양, 술잔에 위스키를 따를 때마다 쿨럭쿨럭 들리는 소리, 콧구멍을 자극하는 술 냄새…… 그리고 갑자기 떠올랐다. 아버지는 자주 밤에 혼자서 위스키를 마시곤 했다. 왠지 다른 세계에 있는 것처럼 느껴지던 그 모습을 어린 마음에 멋있다고 생각했었다. 중학교, 고등학교에 진학하면서 아버지와 대화를 나눌 기회도 현저히 줄었던 어느 날 밤, 친구와 늦게까지 노래방에서 놀다 돌아왔더니 집은 고요했다. 거실을 들여다보니 아버지가 홀로 술잔을 기울이며 "너도 마실래?" 하고 말을 건넨다. 좀 더 일찍 들어오라든가, 저녁밥을 먹고 들어올 것이면 미리 연락하라든가, 같은 잔소리는 일절 없었다. 그것이 오히려 온몸에 사무쳤다. 아버지가 마시던 것도 산토리의 네모난 병이었다. '아버지, 죄송해요. 저도 조금 더 힘을 낼 게요…….'

요즘 유행하는 스토리텔링 광고 같은 추억이지만, 이런 추억을 단 하나라도 떠올릴 수 있다면 그것은 훌륭한 장수 브랜드다. 식음료 브랜드와 관련된 추억이 많은 이유는 미각, 후각, 청각(따를 때의 소리), 촉각(병을 손에 들 때의 감촉), 시각(병 모양) 등 오감 모두에 호소하는 감각 자극을 가지고 있기 때문이다. 자극하는 감각이 많으면 많을수록 떠올릴 기회도 많아진다. 감각 자극을 계기로 감정이 환기되고, 그것에 촉발되어 기억이 검색되기 때문이다.

그리고 시장에 오랫동안 살아 남아 있을수록 (예로 든 코카콜라나 위스키처럼 수많은) 추억이 보존되어 있게 된다. 몇 년 이상 경과한 추억의 대부분, 즉 장기기억의 대부분은 감정을 동반하여 상기된다. 따라서 뇌 이곳저곳의 세포가 발화된다. 장수 브랜드의 증명 같은 것이다. 장수 브랜드이기 위해서는 먼저 오랫동안 시장에서 생존할 필요가 있다. 웃기는 말이라 생각하는가? 그럴지도 모른다. 그러나 이 당연한 사실을 많은 기업이 간과하고 있는 것 또한 사실이다.

무슨 일이 있어도 시장에서 생존시켜라

어린 시절에 인기가 있어 자주 먹고 사용한 상품은 어른이 돼서도 먹고 싶고, 사용하고 싶다. 그렇게 생각하는 계기에는 여러 가지가 있을 것이다. 예를 들면, 당시 방영된 텔레비전 광고의 배경음악이 흐르면 불현듯 그리움이 샘솟는다. 혹은 아이가 유치원에서 처음 가는 소풍 때 배낭 속에 어떤 과자를 넣어줄까 생각하다가 갑자기 '그래, 엄마가 소풍 때마다 사주던 메이지제과의 초콜릿으로 하자'고 추억을 떠올린다. 하지만 그 제품이 슈퍼마켓이나 편의점에서 더 이상 팔리지 않는다면 다른 상품으로 대체하지 않으면 안 된다. 가게에 구비되어 있지 않다는 것은 더 이상 광고도 하지 않고 있다는 것을 뜻한다.

장수 브랜드로 만들고 싶다면 오랜 시간 시장에서 살아남을 수 있도록 마케팅 투자를 게을리 해서는 안 된다. 일정 수준의 광고량을 유지해야 한다. 그런데 현실에서는 매상이 떨어지면 이제 이 상품의 수명은 끝났다고 생각한다. 혹은 적어도 매출 비율로 계산되는 광고 경비가 줄어든다. 제조는 조금씩 이어져도 결국 시장에서는 눈에 띄지 않는 존재가 되어버리는 것이다.

라이프 사이클 이론이라는 것이 있다. 제품에도 생물과 같은 수명이 있어서 도입기, 성장기, 성숙기, 쇠퇴기의 4단계를 거쳐 죽음에 이른다는 이론이다. 이 이론은 마케팅 교과서에도 나와 있지만 실제 시장에서는 통용되지 않는다. 라이프 사이클 이론이 발표된 것은 1965년인데, 이미 1970년대에 실제 브랜드 조사에서 타당성이 없다고 지적받았다. 1백 종류의 상품 카테고리 중 4단계의 사이클 흐름을 따르는 것은 17퍼센트밖에 없었고, 특히 유명 상품의 경우 라이프 사이클 곡선을 전혀 따르지 않는다는 사실이 증명되었다.

「하버드 비즈니스 리뷰(Harvard Business Review)」에 라이프 사이클 이론을 발표한 테오도르 레비트(Theodore Levitt) 교수의 명예를 위해 덧붙이자면, 그는 '상품은 그냥 내버려두면 죽어버린다. 적절한 타이밍에 새로운 숨을 불어넣는 노력을 하지 않으면 안 된다'고 강조하기 위해서 라이프 사이클 곡선을 그 가이드라인으로 소개한 것이다. 결코 상품에 죽을 운명이 있다고 생각한 것은 아니다. P&G의 최고 집행임원도 2007년 「닛케이MJ」와의 인터뷰에서 "브랜드에 라이프 사이클은 존재하지 않는다"라고 단언했다.

매출이 떨어지면 상품의 수명이 끝났다고 판단하고 마케팅 투자를 대폭적으로 줄여 장수 브랜드가 될 수 있는 기회를 잃는 것은 판매자의 문제다. "장사에서 중요한 것은 포기하지 않는 것"이라는 말은 틀림없는 명언이다. 몇 십 년 동안 계속해서 같은 상품을 지속적으로 판매하는 데 싫증을 느낀 판매자는 소비자 또한 싫증이 났기 때문에 매출이 떨어지는 것이라 짐작한다. 그러나 만일 그 상품이 10대의 젊은 이를 고객으로 하는 것이라면 매년 새로운 10대들이 나타나게 된다. 5년만 지나도 시장은 완전히 새로운 고객들로 대체된다. 판매자가 벌써 10년 동안 팔고 있는 상품이라도 그 상품을 태어나서 처음 접하는 세대가 있다는 사실을 잊어서는 안 된다.

브랜드는 지금 일하는 사원 전부가 세상을 떠난 뒤에도 시장에 살아남을 수 있다. 자신이 똑같은 상품을 늘 같은 콘셉트로 파는 것에 싫증내는 것이 장수 브랜드 만들기를 방해하는 가장 큰 장애물이다. 장수 브랜드를 만드는 첫 번째 조건은 여하튼 무슨 일이 있더라도 시장에서 계속 생존시키는 것이다. 이 사실을 결코 잊어서는 안 된다.

반복하면 장기기억이 된다

일상의 여러 가지 경험은 기억된다고 해도 5일간 정도이며 시간이 흐르면 중요하지 않은 정보는 삭제되어간다. 그리고 일단 '중요하지 않다'고 판단되어 삭제된 기억은 두 번 다시 떠올리지 못한다. 예를 들어, 6월 3일 저녁에 슈퍼마켓으로 물건을 사러 간 것은 다음에 언제 가야 하는가를 가늠할 기준으로서 약 1주일 동안은 기억하고 있을 것이다. 그러나 그 이후가 되면 기억할 필요가 없어 곧 잊어버리게 된다.

이렇게 '대수롭지 않은' 정보, 예컨대 입시공부에서 외운 정보는 대학에 진학하면서 필요가 없어지면 서서히 잊혀버린다. 하지만 학창 시절 노랫말로 만들어 암기한 연대표 같이 여러 번 반복하여 기억한 정보는 몇 십 년이 지나도 똑똑히 기억된다. 반복에 의해 그 정보가 장기기억으로 이동할 기회는 더 많아진다. 반면, 반복하지 않은 정보는 서서히 사라지든가, 새롭게 들어온 정보로 대체되고 만다.

단기기억에서 장기기억으로 이동하는 것을 '고정화'라고 하는데, 이런 일은 자주 일어나지 않는다. 고정화하는 데는 몇 년의 세월이 필요하고, 그 도중에 잊어버리는 일도 있다. 그러나 일단 장기기억으로 남은 정보는 영원히 지워지지 않는다고 심리학자들(조사에 의하며 84퍼센트의 심리학자)은 생각한다. 잊은 듯해도 분명히 기억은 존재하고, 그것은 어떤 이유로 인해 검색되지 않을 뿐이라고 말한다.

광고를 반복적으로 내보내면 브랜드에 관한 체험을 장기기억으로 이동시킬 기회는 높아진다. 광고는 기억을 검색하는 신호가 될 수도 있다. 또 본인이 원하는 추억을 만들어내는 일도 가능하다. 장수 브랜드를 만들기 위해서는 매출의 등락에 일희일비할 것이 아니라 싫증내지 말고 마케팅 투자를 꾸준히 해나갈 필요가 있는 것이다.

경로의존의 법칙

코카콜라는 분명 유명한 브랜드다. 광고량도 엄청나다. 그러나 펩시콜라의 광고량도 이에 못지 않다. 역사도 코카콜라와 별 차이가 없을 정도로 길다. 시장 점유율에서도 코카콜라에 이어 2인자의 자리를 차지하고 있다. 그럼에도 불구하고, 왜 fMRI로 확인하면 코카콜라는 뇌의 이곳저곳의 신경세포를 활성화시키는데, 펩시콜라는 그렇지 못한 것일까? 장수 브랜드가 어쩌고저쩌고 하는 설명만으로는 코카콜라나 펩시콜라에 있어 fMRI의 결과에 대한 차이를 납득할 수 없다.

이상과 같은 반론에는 일리가 있다. 사실, 둘 다 장수 브랜드다. 코카콜라는 1885년에 판매되기 시작했고, 펩시콜라는 그로부터 8년 뒤인 1893년에 탄생한다. 처음 약 80년 동안은 코카콜라의 매출이 최고의 지위를 확고히 지키고 있었다. 그러나 1963년, 펩시가 '펩시 세대'라는 캠페인을 시작하고 나서 코카콜라의 시장 점유율은 한동안 하락세를 기록하게 된다.

1983년에 실시한 블라인드 테스트에서는 대부분의 소비자가 펩시의 맛을 선택한다고 하는 '펩시 챌린지' 광고도 시작되어 코카콜라가 차지하고 있던 시장을 야금야금 먹어 들어갔다. 그 결과 심리적으로 쫓기는 입장에 처한 코카콜라의 경영진은 1985년에 코카콜라의 맛을 변형한 뉴코카콜라를 발매하는, 마케팅 역사상 길이 남을 엄청난 실수를 저지르고 만다. 하지만 그럼에도 불구하고 현재도 콜라라는 청량음료 업계에서는 코카콜라의 시장점유율이 역시 일등이다.

예컨대 영화 〈백 투 더 퓨처〉에서 과거의 좋았던 미국을 떠올리는 장면에서 등장하는 콜라가 펩시콜라가 아니라 코카콜라라는 것은 코카콜라가 얼마나 오랫동안 최고의 자리를 차지하고 있었는지를 증명한다. 앤디 워홀도 미국의 아이콘 상품으로 유명한 캠벨사의 수프 캔과 코카콜라의 잘록한 병을 그리고 있다. 또한 세계 최대 패스트푸드 사인 맥도날드에서 팔리는 콜라도 코카콜라다. 콜라로 가장 먼저 유명해진 코카콜라는 도중에 여러 가지 풍파를 겪었더라도 최고의 지위를 사수할 확률이 매우 높은 것이다.

특정 상품이 높은 시장 점유율을 유지할 수 있는 이유는 단순히 그 상품이 '초기 시장에서 잘 팔렸기 때문'이라는 맥 빠지는 설명을 들은 적이 있다. 유명한 사례가 VTR의 규격에 있어 VHS와 베타의 전쟁이다. 왜 기술적으로 우수하다고 인정받던 소니의 베타가 VHS에 패배한 것일까? 초기에 베타보다 VHS을 산 사람이 조금 더 많기 때문이라고 한다. 이것이 경로의존의 법칙(path dependency)이다.

코카콜라는 콜라 업계에서 최초로 넘버원이 되고 그 지위를 1백 년 이 넘도록 사수함으로써 미국의 문화와 역사의 아이콘이 되었으며 콜라의 대명사로 인식되고 있다. 그렇게 되면 게임 끝이다. 소설에서도, 영화에서도, 문화사에서도, 콜라라고 하면 펩시콜라가 아닌 코카콜라가 등장한다. 그리고 그 결과, 코카콜라는 미국인에게 수많은 추억을 검색하게 하는 청량음료가 되었다.

제 6 장

인간도 진화의 역사에서
도망칠 수 없다

트레이더의 뇌를 조사하는 뉴로파이낸스

마약중독자가 막 '약'을 들이키려고 할 때의 뇌를 스캔한 영상은 몇 천억 원이라는 금융거래에 성공하고 지금 또 새로운 거래를 시작하려는 트레이더의 뇌 영상과 거의 구별하기 어렵다고 한다. 양쪽 모두 자신이 참을 수 없을 만큼 갈망하는 것을 지금 바로 손에 넣을 수 있다는 기대에 흥분해 보수계가 강하게 활성화되고 있다.

미국 스탠포드대학의 브라이언 너트슨(Brian Knutson) 교수는 심리학 및 신경과학의 전문가이며 뉴로파이낸스(neurofinance, 뉴로이코노믹스가 신경경제학이라 번역되니 뉴로파이낸스는 신경금융학 정도가 될 것이다)의 개척자이기도 하다. 너트슨 교수는 2004년 여름에 인간의 뇌가 돈을 욕망하는 시스템은 섹스나 초콜릿을 욕망하는 시스템과 완전히 같다는 사실을 실험을 통해 증명했다.

19명의 피험자에게 원금 20달러를 건네고 주식과 채권의 모의거래를 하도록 했다. 실제 시장에 가깝도록 채권은 1달러의 수익을 보증하고, 주식은 10달러의 수익을 얻을 확률이 50퍼센트, 10달러의 손실을 낼 확률이 25퍼센트라고 지정했다. 즉, '안정주'나 '리스크가 높지만 성공하면 수익률이 높은 주식' 중에서 선택해 투자할 수 있도록 한 것이다.

피험자들이 어느 것에 투자해야 하는지 선택할 때의 뇌 활동을 fMRI로 살펴보면 보수계의 측좌핵이 활성화되었다. 앞에서 서술한 바와 같이 측좌핵에 전기 자극을 받고 쾌감을 얻은 쥐는 끊임없이 쾌감을 얻기 위해 잠도, 먹을 것도 잊고 끝내 죽음을 자초했다. 인간 환자의 측좌핵을 자극하는 실험에서는 수술 중인데도 불구하고 오르가슴을 느낀 환자가 있을 정도였다. 모의거래를 하고 있는 피험자의 뇌도 돈을 벌 수 있다는 기대로 흥분과 기쁨을 느끼는 것이다. 리스크는 높지만 잘되면 수익이 많은 주식일수록 측좌핵이 강하게 활성화됐다.

반대로, 피험자가 안전한 투자를 선택할 때는 도피질이 활성화됐다. 도피질은 통증이나 언짢은 기분을 느낄 때 활성화된다. 그런데 안전하고 견실하지만 수익이 적은 투자를 선택할 때도 도피질이 활성화되었다. 어떤 이유에서일까? 도피질에 영향을 미치는 것은 세로토닌과 노르아드레날린이라는 2가지 신경전달물질이다. 이 2가지 물질은 불안이나 공포를 느낄 때 분비된다. 리스크가 높다는 것은 손실을 초래할 우려도 있다는 것이다. 손실회피성이 작용하여 안전한 주식이나 채권을 선택한 것이다. 도피질의 활동이 높은 피험자가 리스크가 높은 주식에 투자하는 경향은 다른 피험자에 비하여 20퍼센트 포인트 낮다는 것을 실험 결과로 알 수 있었다.

이처럼 금융거래를 할 때도 손실을 두려워하는 불안과 수익을 얻을 기쁨에 대한 기대가 뇌 속에서 싸우고 있다. 금융거래를 할 때'도'라고 한 것은, 쇼핑 중 어느 상품을 살 것인지 선택할 때의 뇌 활동도 같기 때문이다. 제 2장에서 소비자가 구매결정을 할 때 뇌가 어떻게 움직이는지 조사한 실험을 소개했다. 그때도 구매하고 싶은 상품이 등장하면 측좌핵이 활성화되고, 가격을 보면 돈을 지불하는 데 통증을 느끼고 도피질이 활성화되었다.

세제든, 루이비통 백이든, 아니면 주식이든, 뇌는 돈과 연관된 것에는 똑같은 반응을 보였다. 무엇인가를 획득하는 것은 기쁘지만 그에 따르는 대가를 지불하는 것은 싫은 것이다.

돈에는 무의식적으로 반응한다

보수계는 돈이 아닌 음식이나 섹스에도 반응한다. 그러나 너트슨 교수는 지금까지의 실험 결과로 "돈만큼 인간의 뇌내 보수계에 강하게 자극을 주는 것은 없다"라고 말한다. 돈에 비교하면 누드사진도 별 것 아니다. 푸아그라도, 샴페인도 필요 없다. 돈이 뇌에 미치는 자극의 정도는 매우 높아서 보수계를 빛나게 하는 데는 그 무엇에도 뒤지지 않는다.

인간은 무의식중에 돈에 반응한다는 사실을 증명하는 실험이 있다.

런던대학에서 행해진 실험의 피험자는 남녀 9명씩 모두 18명이었다. 제일 먼저 핸드그립을 건넨다. 그리고 그립을 강하게 쥐면 컴퓨터 화면에 표시된 돈을 획득할 수 있는 게임 방식을 설명했다. 컴퓨터 화면에는 1페니 혹은 1파운드(1백 페니)의 동전이 무작위로 표시된다.

피험자는 화면에 1파운드가 나오면 1페니가 나올 때보다 그립을 강하게 쥐었다. 당연한 일이다. 1페니쯤이야 받아도 별 달라질 것이 없다. 그러나 1백 배의 가치가 있는 1파운드가 등장하면 획득하지 않으면 손해라는 생각을 하게 된다. 따라서 그립을 쥔 손에 힘이 더 강하게 들어간다.

화면에 표시되는 시간을 매우 짧게 조작해 순간적으로 비춰지는 경우에는 어떨까? 50분의 1초로 피험자 자신은 화면에 무엇이 비춰졌는지 확인할 사이도 없다, 이른바 서브리미널(subliminal, 인지하지 못하는 사이에 영향을 미치는 상태) 수준이다.

런던대학의 신경과학자들은 이전에 서브리미널에 관한 실험도 했다. 컴퓨터 화면에 2개의 이미지를 매우 빠르게 흘려보낸다. 그리고 화면을 바라보는 피험자의 뇌를 fMRI로 관찰했다. 화면이 순식간에 흘러가기 때문에 피험자는 두 번째 이미지밖에 보지 못하고, 따라서 피험자는 화면에 하나의 이미지밖에 등장하지 않는다고 대답했다. 그러나 스캔 영상은 피험자의 뇌가 양쪽의 이미지를 보고 있다는 사실을 그대로 반영하고 있었다. 결국 피험자 본인은 한 가지 이미지밖에 보지 않았다고 생각하지만 무의식적으로는 2개의 이미지를 분명히 인식했다는 것이다.

돈에 관한 실험에서도 50분의 1초로 다른 이미지를 흘려 보냈다. 이 경우 이미지를 제대로 볼 수 없는 피험자가 금액이 크고 작음을 구별할 수 없는 만큼 1파운드의 영상이 비쳤을 때 그립을 강하게 쥐었을 리 없다. 그러나 이미지를 보고 있는 뇌는 "돈이다! 1파운드다!"라고 판단했다. 무의식중에 피험자는 파운드가 표시될 때 그립을 강하게 쥐었다. 그리고 페니가 표시되었을 때는 동전이 보이지도 않았는데 무의식중에 그립을 쥐는 힘을 풀었다. 인간은 돈에 무의식적으로 반응하는 것이다.

인간에게 돈이란 무엇인가?

2008년의 금융위기가 계기가 되어 '월 스트리트'라는 단어로 상징되는 금융기관에서 일하는 인간들의 끝을 모르는 욕망이 화제가 되었다. 욕심은 인간이라는 생물이 가진 본능이다.

지구상에 살아 있는 모든 생물의 목적은 가능한 한 오래 생존하고 번식할 기회를 증대하여 자신의 유전자를 후세에 전하는 것이다. 이 관점에서 말하면, 먹을거리 같은 한정된 자원을 자신이 더 많이 차지하기 위해 다른 생물과 다투고, 번식을 위해 파트너를 찾고, 경우에 따라서는 라이벌들과 경쟁하여 다른 동료의 파트너를 빼앗기도 한다.

이런 행동은 욕심이 없다면 모두 불가능하다. 인간이 돌, 금, 소금,

조개껍질 등을 화폐로 사용한 이래, 식량을 구하기 위해서, 파트너를 자신에게 오도록 하기 위해서 우선적으로 필요한 것은 돈이었다. 특히 남자의 경우는 용모가 빼어나지 않아도, 나이가 들었어도, 재력을 갖춘 부자는 젊고 아름다운 여자를 차지할 수 있다. 여자의 경우도 돈이 있다면 성형수술을 받아 얼마든지 자신이 원하는 미모를 얻을 수 있다. 여하튼 욕심이 있다는 것 자체는 극히 자연스러운 일이다.

욕심쟁이를 리처드 도킨스 식으로 표현하면, 이기적 유전자의 충동이 최대한으로 표출된 것이라고 할 수 있다. 어떤 의미에서 욕심은 우리가 매일 일어나서 일하는 원동력이고, 욕심이 없는 국민만 있는 국가에 경제 성장 같은 것은 기대할 수 없다.

그러나 건전한 충동인 '욕심'이 '강한 욕망'이나 '탐욕'으로 변하면 문제가 된다.

모든 사람이 자신의 집을 원한다. 열심히 일해 작은 빌라를 매입한다. 그리고 시간이 지나 아이가 태어나면 아이가 마음껏 뛰놀 수 있는 더 넓은 단독주택을 갖고 싶어한다. 그 때문에 더욱 열심히 일한다. 그리고 햇살이 잘 드는 곳에 정원이 딸린 50평의 주택을 구입한다. 이것으로 만족한다면 건전한 야심이라고 할 수 있다.

그러나 3백 평의 부지에 수영장이 달린 저택이나 고층아파트의 펜트하우스를 원하게 되면 그 야심을 채우기 위해 약간의 불법을 저지르더라도 위험을 안고 돈을 벌려고 한다. 그 결과, 타인에게 손실을 입히게 되지만 자신에게 이득을 가져다주면 상관 없다고 생각한다. 이는 이미 강한 욕망의 영역에 발을 들여놓은 것이라고 할 수 있다.

금융시장의 사례로 바꿔 말하면, 욕심이 탐욕으로 바뀌는 것은 투자가 투기로 변할 때라고 한다. 강한 욕망에는 자기 통제가 결여되어 있다. 욕망과 니즈(needs)를 구별할 수 없다. 먹는다는 행위도 생존에 필요한 수준을 크게 벗어나면 비만이나 당뇨병과 같은 생활습관병을 초래한다. 돈도 그렇다. 연간수입이 수억 원이면 니즈는 충족되고도 남을 것이다. 그럼에도 불구하고 부자가 되면 될수록 더 욕심이 생긴다.

일본에서도 거품경제 붕괴 이후, 주식의 부정거래나 회사의 부정회계 등의 문제로 체포되는 비즈니스맨들이 신문을 장식했다. 구미에서도 서브프라임 문제가 발각된 이후 부정거래로 49억 유로의 손실을 낸 트레이더와 5백억 달러 사기혐의를 받은 금융계 거물 등이 체포되었다는 소식이 들려왔다. 역대의 자산을 가지고 있으면서도 위법의 경계선을 아슬아슬하게 넘나들며 더 많은 돈을 벌려고 한다.

인간은 왜 이렇게까지 욕심쟁이가 될 수 있는 것일까? 여기에 보수계의 불가사의가 있다.

인간은 보수계에 의해서 살아간다

인류가 음식에 매료되는 이유 중 하나는 먹는다는 행위를 일으키면 쾌감이라는 보수를 얻을 수 있기 때문이다. 희열을 경험한 뇌는 그 희열과 체험을 연관 짓는 방법을 배운다. 즉, 음식이 어떤 맛이 나는지를 기억할 뿐 아니라 희열이라는 쾌감을 얻기 전에 있었던 일, 어떤 상황이나 조건 아래서 어떤 행동을 취했는지도 기억한다. 이는 매우 중요한 역할을 한다.

예컨대, 우리의 조상이 숲 속에서 우연히 맛있는 딸기를 발견했다고 가정해보자. 딸기가 맛있다는 사실밖에 기억하지 못한다면, 다시 말해 그 냄새나 형태, 색깔, 딸기가 열려 있던 나뭇가지의 모양이나 이파리의 형태, 주위 환경을 기억해두지 않았다면 맛있는 딸기를 다시 발견할 확률은 현저히 낮아진다.

하지만 이것들을 기억하면 다음에 똑같은 환경이나 상황에 맞닥뜨렸을 때 그것들이 신호(단서)가 되어서 딸기가 있다는 것, 그리고 그것을 먹으면 희열을 느낄 수 있다는 것을 기대할 수 있다. 즉, 예측할 수 있다는 것이다. 그리고 같은 과정이 반복되면 딸기를 떠올리는 것만으로 딸기를 먹음으로써 얻을 수 있는 희열을 떠올리게 되고, 그 기대감만으로 도파민이 분비된다. 또한 그 정보가 전달되면 딸기를 획득하려는 욕망이 발생하고 획득하기 위해 '찾으러 간다'는 행동이 촉발되는 것이다.

보수계는 동물조련사와 같다. 개가 스스로 의욕을 가지고 무엇인가를 배우고 행동하도록 인내심을 가지고 훈련시킨다. 물론 개도 '3번 돌고 짖으면' 상으로 맛있는 간식을 얻을 수 있기 때문에 의욕적으로 기술을 익히려 한다. 보수계 신경회로가 하나만 있는 것은 아니지만,

가장 강력한 보수계는 뇌 한가운데 위치해 있는 뇌간 위의 복측피개야에서 시작된다. 복측피개야는 충족되어야 할 니즈에 관한 정보를 받아들이는 곳이며 도파민 생성세포로 꽉 들어찬 곳이기도 하다.

예를 들어 식욕을 충족시키고 싶다는 정보를 받아들이면 정보의 메신저 역할을 맡은 도파민(도파민은 정보를 신경세포에서 세포로 전달하기 때문에 신경전달물질이라 불린다)을 생성해 그것을 측좌핵이나 전두엽으로 보낸다. 그리고 정보를 받아들인 측좌핵은 쾌감을 얻기 위해 운동 기능을 활성화시켜 행동을 촉발시킨다. 또한 이미 등장한 안와전두피질이나 전두전야 복내측부를 포함한 전두엽에서는 보수의 정보를 예측하거나 경우에 따라서 측좌핵의 활동을 억제하려는 시도를 하기도 한다.

보수계가 있기에 인간은 오랜 굶주림의 세월을 견디고, 추운 빙하기에도 먹을거리를 찾으려는 행동을 게을리 하지 않을 수 있었다. 그리고 그 결과로 우리에게 유전자를 남기기 위한 작업을 계속할 수 있었던 것이다.

대사증후군은 석기시대의 장수자가 남긴 것

먹으면 살이 찐다. 이 사실을 알면서도 지금 당장 아이스크림을 먹는 것을 멈출 수 없다. 지금은 초보자라도 얼마든지 잡지 모델로 발탁

될 수 있는 시대다. 아니, 초보자이기 때문에 독자 모델로서 인기를 얻을 수 있는 시대다. "조금만 더 살을 빼면 독자 모델이 될 수 있다"라며 벌써 수십 번은 다짐한다. 그러나……. 다이어트를 지속시킬 수 없다. 음식에 대한 충동이 너무 강해 전두엽의 억제지령을 무효화시키는 것은, 상상할 수 없을 만큼 아주 오랜 세월 동안 이어져온 굶주림의 시절을 뇌가 잊지 않고 있기 때문이다.

뇌는 고칼로리 식품을 대단히 좋아한다. 배가 고픈 것도 아닌데 눈앞에 음식이 보이면 먹고 싶다는 욕구가 생긴다. 특히 생크림이 듬뿍 얹혀져 있는 초콜릿파르페 같은 단 음식이면 더욱 그렇다. 식욕을 부추기는 음식들은 지방이 많은 돈가스나 닭튀김 같은 것들이다. '두부를 먹기 시작하면 도저히 멈출 수 없다' 또는 '아무리 배가 불러도 야채샐러드 먹을 배는 따로 있다' 같은 말은 들어본 적이 없다.

원시시대에 지방분이나 당분이 많이 포함된 고칼로리 식품을 발견하는 일은 꽤나 드물었을 것이다. 어쩌다 고칼로리 식품을 찾았다고 해도 언제 또다시 그런 고칼로리 음식을 먹을 수 있을지 알 수 없다. 그래서 일단 눈앞에 있는 것은 모조리 먹어치웠다. 이것이 생존율을 높이는 결과로 이어졌다.

포식의 시대가 되었어도 우리의 유전자는 거의 변하지 않았다. 아직도 고칼로리 식품에 대한 욕망이 매우 높아 충동적으로 먹으려는 욕구가 일어나는 경향이 강하다. 배가 고프지도 않은데 먹고 싶다는 충동을 억제하는 데 어려움을 겪는다.

수렵채집 생활을 하던 시대에도 지방의 형태로 에너지를 효율적으로 축적할 수 있었던 사람은 적은 식량으로도 생존율을 높일 수 있었다. 이런 검약 유전자를 가지고 있는 사람은 자연선택에서 유리한 입지에 설 수 있었다. 그러나 포식의 시대에 이런 유전자를 가지고 있는 사람은 비만이나 당뇨병에 걸리기 쉽다. 오히려 생존에 있어 불리한 상황에 놓이게 된다. 인종적으로는 아프리카, 동남아시아, 폴리네시아 출신의 사람들이 이런 검약 유전자를 이어받은 경향이 강하다. 그래서 이들이 서구의 고칼로리 음식을 먹으면 쉽게 비만이 된다는 설이 있다. 이런 경우 내장지방형 비만이 초래하는 대사증후군의 문제가 더 심각해진다.

진화는 뇌의 수선공

뇌의 구조는 아주 훌륭하다고 앞에서도 말했다. 그러나 여기에는 약간의 단서를 달지 않으면 안 된다. 뇌는 처음부터 세부 시스템까지 완벽하게 고려한 원대한 디자인을 가지고 설계된 것이 아니다. 뇌간이 어류에 등장한 무렵부터 생각해도 5억 년이라는 세월을 거쳐서 서서히 진화하고 성장하면서 새로운 기능이 덧붙여졌다.

뇌 구조가 훌륭하다는 것은, 중고품과 신품이 조합되고, 경우에 따라서 지금 있는 중고품만으로 새롭게 필요해진 기능을 수행할 수 있도록 메커니즘이 고안되고 만들어졌다는 데 있다. 프랑스의 저명한 분자 생물학자 프랑수아 자코브(Francois Jacob)는 "진화는 (서툰) 수선공이 지 기술자가 아니다"라고 말한다. 즉, 아주 먼 옛날 존재했던 문제를 해결하기 위해 만들어진 시스템을 다른 목적을 위해 재활용하는 것이다.

그 좋은 사례가 보수계다. 이 신경회로에서 보수란 초기에는 먹을 것이나 섹스 등 본능적이고 육체적으로 느낄 수 있는 것들이었다. 그것이 어느 사이엔가 돈에도 반응하게 되었다. 음식과 섹스 모두 돈만 있으면 손에 넣을 수 있다. 그 경험이 반복되면서 보수계는 이제 돈 자체에 흥분하게 된 것이다.

돈의 속성이 문제가 되는 이유는 육체와 무관하기 때문이다. '단것을 먹는 배는 따로 있다'는 말이 있긴 하지만 '아무리 좋아하고 맛있는 음식이라도 더 이상 먹을 수 없다'는 육체적인 한계가 있다. 아무리 호색한이라 해도 '더 이상 섹스를 하다가는 몸이 남아나지 않겠다'는 육체적 한계가 분명 존재한다. 그러나 돈에는 이런 한계가 없다. 아무리 지나쳐도 육체적으로 힘들 일이 없다. 따라서 돈에 관한 한 인간은 끝없는 욕망으로 치닫게 된다.

뇌에게 돈과 칭찬은 동일하다

인간은 칭찬의 말도 보수로 느낄 수 있다. 칭찬을 받았을 때의 뇌를 관찰해 보면 음식이나 돈을 얻었을 때와 마찬가지로 보수계가 활성화된다는 사실을 알 수 있다. 그래서 아이를 칭찬하며 키운다는 교육방침은 타당한 것이다.

착한 행동을 하면 칭찬을 받는다. 다시 말해 상을 받을 것이라고 배운 뇌는 또다시 같은 일(착한 일)을 하겠다는 동기를 갖게 된다. 사회적 평판을 얻는 것도 보수로 느낄 수 있다. 인간은 월급을 받기 위해 일하는 것과 마찬가지로 좋은 평판이나 사회적 승인을 얻음으로써 쾌감을 느낀다. 그래서 사람들은 타인에게 선행을 베푼다.

도요타가 하이브리드카를 출시했을 때, 미국의 젊은 경영인들은 고가임에도 불구하고 솔선해 하이브리드카를 구입했다. 바로 환경에 좋은 자동차를 운전한다는 사실에서 얻어지는 사회적 평판과 가격을 저울에 올려놓은 뒤에 사회적 평판이 자신의 보수계를 기쁘게 한다고 뇌가 판단했기 때문이라 생각할 수 있다.

기업은 이런 사람들의 보수계가 기뻐하는, 사회적 평판을 높일 수 있는 고가의 상품을 기획해야 한다. 그리고 그 상품을 구입하는 것이 사회에 대한 공헌으로 이어진다는 메시지를 확산시키는 것이 광고 대행사와 PR회사의 일이다. '렉서스의 친환경 자동차를 소유하지 않으면 부자로서 부끄럽다' 같은 생각을 갖게끔 하는 것이 마케팅이다.

사회적 평판, 사회적 승인, 돈, 섹스, 먹을 것…… 이 모두가 '보수계에 어느 정도의 쾌감 자극을 줄 수 있는가'라는 기준으로 측정할 수 있는 것들이다. 그래서 이러한 것들을 공통통화(共通通貨)라 지칭하기도 한다.

섹스와 투자의 관계

2008년 경제위기 발생 후, 케임브리지대학의 신경과학과 생리학 연구자들은 런던 금융가의 트레이더들을 대상으로 남성 호르몬과 투자 경향에 관한 조사를 벌였다. 조사 방법은 좀 색달라서 트레이딩 룸에서 일하는 남성 44명의 오른손 약지와 인지의 길이를 측정하는 것이었다.

남자의 경우, 태아일 때 어머니의 자궁에서 보다 많은 남성호르몬에 노출될수록 성인이 된 후 남성호르몬 중 하나인 테스토스테론의 수준도 높아지고, 또 약지의 길이가 인지보다 길었다고 한다. 이런 사실은 이전부터 알려져 있어 축구, 야구, 스키 등 스포츠계에서는 약지와 인지 손가락 길이의 비율이 우수한 성적을 예측할 수 있는 유효한 지표로 간주되고 있다.

연구팀은 불과 몇 분 사이에 거액의 돈을 움직이는 빈도가 높은 거래에 종사하는 남성 44명의 오른손 약지와 인지의 손가락 길이의 차이를 측정하고, 그들의 과거 20개월간의 손익 기록과 비교해보았다. 조사 결과, 2년 이상의 경험을 가진 트레이더 중 약지가 인지에 비해 매우 긴 사람은 그렇지 않은 동료보다 6배나 많은 이익을 남겼다는 사실이 밝혀졌다.

연구팀은 트레이더의 남성호르몬 수준도 측정했다. 그 결과, 오전 중 체내에 남성호르몬 수준이 높은 트레이더는 오전 중 호르몬 수준이 낮았던 날보다 더 많은 이익을 낸다는 사실도 발견할 수 있었다. 이런 조사 결과를 좀 더 확장시켜 해석하면 트레이더를 고용할 때는 남성호르몬 수준을 조사하든가 약지와 인지의 길이 비율을 조사하는 게 좋다는 이야기가 된다.

그러나 연구팀을 지휘한 존 코츠(John Coates)는 이 연구의 진짜 목적은 시장이 합리적인 것이 아니라는 사실을 증명하는 데 있다고 말한다.

다음은 실험이 끝나고 존 코츠가 내린 결론이다.

"시장은 합리적으로 움직이고 있다고 간주된다…… 그러나 실제로는 호르몬의 양이 시장에서 더 큰 역할을 수행하고 있다."

한편 스탠포드대학의 너트슨 교수는 에로틱한 사진을 본 뒤에는 도박에서 판돈을 높여 도전하는 경향이 높아진다는 사실을 실험으로 증명했다. 반대로, 뱀처럼 공포심을 유발하는 사진을 보이거나 호치키스와 같은 중립적인 사진을 보이면 도박에서 위험을 짊어지는 경향은 낮아진다.

수컷은 암컷을 얻기 위해 다른 수컷과 싸우거나 수렵으로 자신의 유전자의 우수함을 자랑하지 않으면 안 된다. 그러기 위해서는 위험을 짊어질 필요가 있다. 그러므로 포르노 사진을 보고 섹시한 기분이 되면 도박의 위험을 짊어지는 경향이 강해진다.

너트슨 교수의 실험은 인간은 당시의 기분에 의해서 위험을 짊어지는 경향이 높아지거나 낮아진다는 사실을 시사하고 있다. 실제로 동일한 트레이더라도 행복한 기분이 들 때는 불안한 기분일 때보다도 고수익 고위험의 투자를 하는 경향이 높다는 조사 결과도 있다. 프로 투자가라도 그때그때 호르몬 수치나 기분에 의해 투자 방식이 달라진다. 이런 사실이 밝혀지고 솔직히 조금 충격을 받았다. 프로는 이성적, 다시 말해 분석적이고 논리적으로 투자판단을 하고 있다고 생각했기 때문이다.

강한 욕망이 '매수'를 낳고 공포가 '매도'를 부른다

2008년에 발생한 금융위기는 투자전문가도 감정에 의해 움직인다는 사실을 가르쳐주었다.

개인이 욕심에 이끌려 위험이 높은 투자에 손을 댄다. 혹은 자신은 투자상품에 대한 별 정보도 없는데 지인이나 친구, 혹은 생면부지의 타인들이 높은 수익을 장담하며 투자를 하면 자신도 모르게 이들에게 휩쓸려 매수를 해버린다. 그리고 곧 자신이 투자한 상품이 위험하다는 소문이 돌면 손해를 볼 수도 있다는 불안과 공포에 황급히 매도로 돌아선다.

개인이 이런 감정에 이끌려 행동하는 것은 용서가 된다. 그러나 기업은 좀 더 이성적으로 행동해야 한다. 특히, 얼마 전에 크게 낭패를 본 세계적 규모의 거대 금융기관은 경제학 박사나 MBA취득자들이 다

수 일하는 기업이다. 세계의 우수한 인재들이 모여 있는 기업이 나중
에 조사해보니 매우 위험성이 높은 투자에 큰돈을 쏟아 부은 것이다.

금융기관의 의사결정자도 일반 시민과 똑같은 인간이다. 구매 선택
은 기본적으로 보수계(쾌감)와 편도체, 도피질(공포와 불안으로 인해 만
들어지는 불쾌감)이 정보를 주고받음으로써 결정된다. 보수계에서는 1
천억 원의 거금도 섹스나 초콜릿과 똑같은 상(賞)으로서 다루어지고
있기 때문이다.

편도체는 본래 10미터 떨어진 곳에 있는 칼이빨호랑이로부터 어떻
게 도망칠 것인가 하는 육체적인 위험을 다루는 부위였고, 도피질은
독이 섞인 먹을거리를 먹는 위험을 다루는 부위였다. 이런 부위가 주
식이 반값으로 폭락할 위험도 취급하는 것이다.

쾌감과 불쾌감으로 사물을 결정하는, 대뇌변연계의 기능을 체크하
고 억제하는 기능이 있는 대뇌신피질, 특히 논리적 사고의 중심으로
여겨지는 전두엽의 전두전야는 무엇을 하고 있었던 것일까?

일류기업의 최고 엘리트인 의사결정자들의 전두전야는 일반 시민과
비교하면 대뇌변연계의 영향을 받기 어려워 보다 논리적이고 이성적
인 기능을 하고 있을 것이다. 하지만 이는 섣부른 판단인 것 같다.

이성적으로 판단하지 않는 경영자

리더십에 대한 저서를 다수 출간한 시드니 핑켈스타인(Sidney Finkelstein)은 역사, 정치, 비즈니스에 있어 잘못된 판단이 초래한 엄청난 실패의 실제 사례 83건을 모아서 분석 연구했다. 연구 결과, 실패는 조직에 영향력이 큰 개인, 즉 최고경영자의 잘못된 판단으로 발생한다는 결론이 내려졌다.

일본에서도 엄청난 잘못을 저지를 것 같은 최고 경영진의 전형을 꼽을 수 있다. 예를 들면, ① 과거의 성공체험을 잊지 못하고 현재 환경이 변화했음에도 불구하고 예전과 같은 경영전략을 고집한다. ② 소비자 조사, POS, 포인트 카드로 모은 방대한 데이터의 분석결과 중 무의식적으로 자신이 가지고 있던 가설에 합치되는 사항들만 유효화한다. ③ 회사를 크게 키워 유명해지고 싶다, 혹은 사내에서 출세하고 싶다는 개인적 야심에서 안건을 판단한다. ④ 유행하는 경영전략을 자사고유의 사정을 고려하지 않고 즉시 채용하려 한다. ⑤ 위험을 짊어지고 실패하고 싶지 않아 오로지 현 상태를 유지하려고 노력한다. ⑥ 그 외, 아들을 차기사장으로 앉히고 싶어 한다든가 자신만 예외라고 믿어 나이가 들어도 퇴직하지 않고 굳건히 자리를 지키고 앉아 만년에 불명예를 안는 '예전에는 매우 우수하고 존경받던 경영자'도 있다. 마지막은 선술집에서 술에 취한 사원들이 늘 하는 경영진에 대한 비판과 비슷했다.

모두 비판받아 마땅한 잘못들이다. 경영자는 자신의 능력에 자신감을 가져야 한다. 그러나 자신만은 늘 모든 정보를 분석한 뒤에 이성적이고 논리적인 의사결정을 하고 있다고 고집을 부린다면, 그 사람은 자신감 충만이 아니라 단지 고집불통 외골수일 뿐이다.

의사결정 과정 이론에 대한 공헌으로 1978년에 노벨경제학상을 수상한 허버트 사이먼(Herbert Simon)은 "현대 같이 복잡한 세계에서 합리적인 의사결정을 위해 필요한 모든 정보를 획득하고 분석한다는 것은 사실상 불가능하며 비용도 만만치 않다"라고 했다. 그는 대신 최선이나 최적이라 할 수는 없어도 만족할 수 있는 결정을 내리는 것으로 충분하다는, 다시 말해 합리적이고자 하는 의도가 있지만 그 합리성에는 한계가 있다고 하는 '한정합리성'의 사고를 제창했다. 이에 더해 사이먼은 의사결정자는 최적화 규칙에 따르기보다 휴리스틱을 채용하는 경우가 더 많다고 말한다. 즉, 직감이나 감이라고 불리는 것에 의지하는 경우가 꽤 많다는 것이다.

휴리스틱은 생존을 위한 사고법

행동경제학에서 '휴리스틱'이라는 용어가 자주 사용되고 있다. 휴리스틱은 직감이나 감이라고 불리는 것에 가까운, 진화 과정 중에 키워진 사고방법이다. 독일의 사회심리학자 게르트 기거렌처(Gerd

Gigerenzer) 박사는 「뉴욕타임스」와의 인터뷰에서 다음과 같이 설명했다.

"직감이나 감이라는 것은 우리 심리학자가 휴리스틱이라 부르는 '정확하지는 않지만 대개 어떤 상황에서든 사용할 수 있는 편리한 원칙'에 근거한다. 직감적인 사고방법은 인간의 뇌가 오랜 진화 과정과 경험을 거치면서 얻은 능력이다. 이 사고법에서는 몇 가지 정보에 근거해 두 가지 이상의 선택지의 장단점을 비교하고 어느 것을 선택할 때 어떤 손익이 나오는지 계산하는 등의 수고와 시간을 들이지 않아도 된다. 하나의 정보를 신호(단서)로 판단하고 그 외 다른 정보를 무시한다. 따라서 신속하고 효율적으로 판단할 수 있다. 의식적인 분석 결과는 아니기 때문에 어떻게 그 결론에 이르렀는지 자신도 잘 모른다. 그러나 직감에는 그 사람을 행동하게 만드는 강력한 힘이 있다."

기거렌처 박사는 개인투자자가 주식을 살 때는 여러 가지 정보를 체크한다고 해도 결국 무의식적으로 이름이 널리 알려진 기업의 주식을 선택하는 경향이 높다고 한다. 즉, 자신이 이름을 알고 있다면 유명기업일 테고 유명기업이라면 손해는 보지 않을 것이라는 직감에 기대 선택하는 것이라 생각했다. 그는 이것을 '재인(再認)휴리스틱'이라 명명했다.

광고를 하는 기업은 유명기업일 터이므로 신용할 수 있다는 것도 재인 휴리스틱 중 하나다. 이것을 이용한 스타마케팅으로 고령자를 속여 돈을 끌어들이는 기업도 끊이지 않고 등장한다. '싼 게 비지떡'이라고

값이 싸면 품질도 나쁠 것이라고 판단하는 것도, 가격이라는 하나의
신호만으로 판단할 수 있는 손쉽고 빠른 방법이다. 반대로 가격이 비
싸면 품질도 좋을 것이라로 판단하는 것은 역(逆) 휴리스틱으로, 고급
브랜드는 소비자의 이런 성향을 이용하여 가격을 높게 책정한다.

　지금까지 기업이 자신들의 이익을 위해서 소비자의 휴리스틱한 판
단 방법을 이용하는 사례들만 언급했다. 그러나 실제로 휴리스틱은 대
담하고 옳은 판단을 이끌어주는 편리한 방법이다.

생존수단으로서의 패턴 인식

　기거렌처 박사는 휴리스틱이라는 직감적인 의사결정은 '인지 과정
의 지름길'이고, 포유류가 등장한 이래 1억 년 이상의 진화 과정에서
발달한 뇌의 시스템이라고 주장한다.

　초원이나 정글에서 포식자들의 공격을 받고 있는 선행인류에게, '오
른쪽으로 도망치면 강이 있다. 왼쪽으로 가면 숲이 있다. 뒤로는 깎아
지른 절벽이 있다. 그럼, 어느 쪽으로 도망치는 것이 가장 좋은가?'와
같은 모든 선택지의 장단점을 놓고 분석할 시간 따윈 없었다. 신속한
결단을 필요로 했던 과거의 경험이나 그 같은 결단을 내리고 목숨을
건진 동료들의 이야기에서 얻은 지식, 그런 경험과 지식이 쌓이고 쌓
여서 직감 시스템을 형성했다는 것이다.

의사결정 이론의 권위자 허버트 사이먼도 "인간은 경험을 통해 대량의 정보를 기억으로 저장하고 간단히 검색할 수 있게 되었다"라고 말한다. 예컨대, 체스의 달인은 체스판 위에 말을 놓는 5만 가지의 패턴을 기억하고 수시로 떠올릴 수 있다. 따라서 대전 상대의 움직임에 따라서 자신이 과거에 보았던 패턴을 기억에서 끄집어내어 거기에 근거해 6초라는 짧은 시간 안에 다음 수를 생각한다. 이것을 순간의 깨달음, 혹은 직감이라 한다.

이런 진화 과정 속에서 만들어진 뇌의 시스템을 패턴 인식이라 한다. 바둑기사들도 어린 시절부터 셀 수 없이 많은 대국을 통해서 방대한 수의 패턴을 기억하는 것이다. 4단이나 5단 기사는 불과 0.1초 동안 바둑판을 보고도 말을 놓을 정확한 위치를 90퍼센트 이상 찾을 수 있다고 한다. 무의식중에 기억하고 있는 패턴과 비교해 형세가 유리한지 불리한지를 판단하는, 바둑계의 스타 하부 요시하루(羽生善治) 기사의 말을 빌리자면 "묘수는 불현듯 생각나는" 것이다.

패턴 인식을 뒷받침하는 직감이나 감, 휴리스틱은 대체로 좋은 결과를 가져온다. 그러나 원래 패턴 인식은 우리의 먼 조상이 험악한 자연에서 생존하기 위한 수단으로 발달한 것이다. 복잡한 현상을 일일이 계산하는 것이 아니라 복잡함을 무시하여 살아남는 사고방법이다. 따라서 이것을 기업의 의사결정자가 사용하여, 때때로 잘못된 판단을 초래하기도 한다.

불안하면 보이는 착각적 패턴 인식

인간의 뇌는 패턴을 보려는 경향이 있다. 새로운 현상을 접했을 때도 뇌는 그것을 자신의 기억에 보존되어 있는 패턴 중 하나에 적용시키려 한다. 자신이 가지고 있는 과거의 정보에 근거해 현재를 이해하려는 것이다. 이런 무의식의 기대가 매우 강하기 때문에 실제로는 전혀 새로운 현상에서도 자신에게 익숙한 패턴을 보려고 한다. 안심감을 얻을 수 있기 때문이다.

인간은 자신이 통제할 수 없는 불확실성을 느끼면, 즉 불안을 느끼면 실제로는 존재하지 않는 패턴을 보려는 경향이 더욱 강해진다. 이것을 '패턴 인식의 착각'이나 '착각적 패턴 인식'이라 부른다. 혼돈스러운 카오스 속에서도 자신의 논리에 맞는(설명이 되는) 의미 있는 상호관계를 보는 것이다. 질서가 있다는 것은 안심감으로 이어지기 때문이다. 따라서 많은 데이터 속에서도 자신의 구미에 맞는 패턴이 눈에 띄고, 주식시장에서도 유독 자신이 바라는 경향을 발견하게 된다. 기업의 의사결정자가 완전히 새로운 시장에 자신이 겪었던 과거의 성공 체험을 적용하려는 것도 패턴 인식의 착각 때문이다. 그 결과, 크게 잘못된 판단을 내리기도 한다.

2008년 10월, 경제위기가 한창이던 시기 「사이언스(Science)」에 다음과 같은 실험 결과가 발표되었다.

피험자 225명에게 어찌할 바를 모를 만큼 당혹스러웠던 과거의 상황을 떠올리게 하거나, 혹은 질문에 대답하도록 한 뒤에 상당수 대답이 오답이라고(단, 어떤 대답이 어떻게 잘못되었는지 명확하게 알려주지 않는다) 알려줌으로써 피험자들이 무력감이나 불안감을 느끼게 했다.

그러고 나서 회색의 땡땡이 무늬가 많은 색맹 검사에 사용하는 불명료한 그림을 보여주고, 그림에 의미 있는 이미지가 존재하는지를 물었다. 그림에는 배나 가구 등의 이미지가 진짜로 존재하는 것도 있었는데, 이 경우에 피험자의 95퍼센트가 그 이미지를 인식했다. 그리고 아무 이미지도 존재하지 않는 그림에서도 피험자의 45퍼센트가 말, 나무, 얼굴, 동그란 원이라는 이미지를 보았다.

패턴을 인식함으로써 인간은 사건의 의미를 이해할 수 있고, 그것으로 미래를 예측할 수 있다. 인간은 예측할 수 없는 현실을 견딜 수 없는 것이다. 따라서 무의식중에 없는 것을 보는 것이다.

미래를 예측하기 어려운 시대에 사람들은 정동이나 직감에 근거해 행동을 취하는 경향이 있고, 스스로의 판단에 자신을 가지지 못하기 때문에 다른 사람에게 쉽게 영향을 받는다. 그래서 점(占)이나 행운을 부르는 부적이 유행하고, 힘들 때 신에 의지하는 일이 증가한다. 업계나 회사 내부에서도 가십이 만연한다. 세계가 예측 불가능한 '랜덤' 상태라고 믿는 것보다는 알 수 없는, 신비한, 눈에 보이지 않는 힘이 존재한다고 믿는 쪽을 선택하는 것이다.

196

가십과 입소문을 위해 언어는 탄생했다

"인간은 오스트랄로피테쿠스 시절부터 가십을 좋아했다. 아니, 가십이 없었다면 아예 집단생활은 성립하지 않았다."

앞에서 소개한 인류학자이자 진화심리학자인 로빈 던버의 말이다. 그리고 그는 여기에 더해 소문을 퍼뜨리는 수단으로 언어가 탄생했다고 단언한다. 이는 '수렵생활을 하며 그 방식을 정하기 위해 만들어진 것이 언어'라는 기존 학설과는 전혀 동떨어진 주장으로, 언어는 영장류의 털 고르기부터 시작되었다는 것이다.

4백만~5백만 년 전 거의 원숭이에 가까운 오스트랄로피테쿠스는 비교적 안전한 숲에서 온갖 위험요소들에 노출되는 초원으로 거주지를 옮긴다. 그리고 외부의 공격으로부터 자신을 지키고 생존하기 위해 무리를 만들어 집단생활을 시작한다. 그런데 이런 집단생활에서는 자신의 '위치'를 아는 것이 무엇보다 중요한 필수조건이었다.

구성원간의 관계, 즉 누가 누구와 사이가 좋고, 누가 누구와 섹스를 하고, 누가 누구와 싸움을 했는데 누가 이겼는지 같은 정보들이 조직에서 생존하고 자신의 지위를 유지하는 데 빠뜨릴 수 없는 지식이었다. 또한 이런 정보들은 더 많은 권력을 차지하는 데도 도움이 되었다. 이런 정보를 주고받는 것이 가십의 시작이다. 그러나 당시는 아직 언어가 존재하지 않던 시절이다. 어떻게 언어도 없는데 가십이 퍼질 수 있었을까? 던버는 서로가 털 다듬기를 해줌으로써 정보 전달이 가능했다고 생각했다.

침팬지는 서로의 몸에 붙은 벼룩을 잡아주는 상대가 누군가와 싸우며 도움을 구하면 득달같이 달려가 털 고르기 친구의 편이 되어준다. 그러나 털 고르기를 해주었는데 그 보답을 하지 않는, 즉 상조정신이 없는 놈은 무시해버린다. 침팬지를 관찰해온 연구자의 말에 따르면 털 고르기를 해주는 상대와 동맹관계가 성립한다는 것이다.

그러나 무리의 구성원이 많아지면, 모든 동료의 털 고르기를 해줄 수 없게 된다. 게다가 하루 종일 털 고르기만 하고 있을 수도 없다. 먹이를 찾아 헤매는 시간을 고려하면 무리 속에서 결속을 굳히는 데 쏟을 수 있는 최대의 시간은 하루의 5분의 1 정도다. 인류가 언어를 구사하기 전 형성한 무리의 규모는 50명 정도(현대의 개코원숭이나 침팬지와 같은 수준)였다. 그러다가 언어를 구사하기 시작하면서 150명 정도로 늘었으리라고 추측한다. 털 고르기는 일 대 일로 가능하지만 대화는 일 대 다수로도 가능하기 때문이다.

그런데 왜 하필 150명인가? 회사의 자동판매기 앞이나 단골 슈퍼마켓 앞 풍경을 보면 대개 3~4명의 사람들이 무리를 지어 이야기를 나눈다. 소문을 즐기는 데도 적합한 규모라는 것이 있기 때문이다. 이보다 인원이 더 많아지면 주제가 흩어져서 이야기에 탄력이 붙지 않는다. 그래서 일 대 일 관계에서 일 대 삼 관계가 가능해져서 '50명×3=150명'이 되는 것이다.

가십은 응징해야 할 수단인가

　150명 정도면 서로의 얼굴을 알고 자신과의 관계를 분명히 형성할 수 있는 규모다. 150명의 얼굴과 그 관계를 기억하는 것이 불가능하다고 생각할지 모르지만, 결코 그렇지 않다. 미국이나 유럽의 지방에 가면 금혼식이나 90번째 생일을 축하하기 위해 친척이 모이는 행사가 있다. 조부모, 부모, 그 형제자매, 사촌, 육촌 등이 모이면 백수십 명은 충분히 된다. 그중 오지랖 넓은 아주머니 같으면 잔치에 참석한 사람들의 이름이나 관계 대부분을 기억하고 있다.

　게다가 원시시대에는 이런 정보가 생존과 직결되었고, 지금과 비교하여 정보가 적었던 시대임을 감안하면 150명의 얼굴과 이름, 자신과의 관계, 성격, 특기, 능력, 주의해야 할 점 등을 기억하는 것은 그다지 대단한 일도 아니었을 것이다. 아니 이런 정보를 처리하고 기억하기 위해서 대뇌신피질은 인간에게 특히 더 발달했다. 또한 당시의 필요성 때문에 만들어졌는지 인간의 뇌에는 얼굴을 식별하고 기억하는 특별한 장소가 분명히 존재한다.

　수렵채집 생활을 꾸리는 집단의 구성원들은 평생을 아침에 일어나서 밤에 잠들 때까지 같은 무리 속에서 생활했다. 낯선 사람이 오는 일은 매우 드물었고, 같은 무리에 속하지 않은 사람은 경계해야 할 상대였다. 다른 무리의 구성원은 식량 사정이 나빠지면 자신들을 죽이고 서슴없이 잡아먹는 포식자가 될 가능성이 있었던 것이다. 같은 무리의 구성원들끼리는 위험에 처했을 때 다른 무리에 대항해 함께 싸우지 않으면 안 되었다.

한편 일상생활에 있어서는 같은 무리의 동지라도 한정된 자원이나 파트너를 나눠가져야 하는 경쟁 상대가 된다. 이런 환경에서는 누가 신뢰할 수 있는 거래 상대이고 누가 교활하게 먹이를 갈취하는지 항상 확인해야 한다. 그래서 누군가 약삭빠른 행동을 한다면 가족, 친구, 동맹관계를 동원해 제재를 가해야 하는 것이다. 이런 때 가십은 많은 도움이 된다.

생존율과 번식률이 높은 인간은 남의 행동에 강한 관심을 갖고, 예측하며, 영향을 미치는 능력의 소유자들이다. 그런 능력은 자연선택에도 유리하게 작용한다. 결국 타인(얼굴은 아는 같은 무리 안의 구성원)의 생활에 큰 호기심과 관심을 갖는 사람은 그렇지 않은 사람에 비해 무리에서 성공하고, 그런 자신의 유전자를 자손에 남길 수 있었던 것이다.

마찬가지로 현대에 사는 우리도 가십에 관심이 많다. 타인의 소문에 신경을 쓰고 타인이 하는 말에 눈치를 보게 된다. 즉 가십, 입소문은 원시시대부터 계속 존재해온 것이다. 인터넷, 휴대전화의 등장으로 예전보다 정보 전달의 속도도 빨라졌고 그 범위도 넓어졌다. 하지만 지금도 가십이나 입소문을 만들어내는 인간의 본질은 변하지 않았다.

소셜 미디어가 재현하는 '촌락생활'

수백만 년 전부터 공업문명이 시작될 때까지 이어졌을 150명 정도의 촌락 단위에서의 집단생활은 우리가 상상하는 이상으로 신경을 지치게 했을 것이다. 현대의 사례를 빌어 말하자면, 사원 수 150명 정도의 회사 조직에서 사원 전원이 24시간 끊임없이 회사 건물에서 숙박하면서 함께 일하는 것과 같다.

원시시대 사람들도 무리 밖에 나가서도 살 수 있다는 보장이 있었다면 혼자서 자유롭게 살고 싶다는 생각을 몇 번이고 했을 것이 틀림없다. 현대 사회에서도 마땅한 주거지에 안정적으로 정착하지 못한 사람을 '낙오자'라 부르는 일이 있다. 이런 사람들은 원시시대에도 존재해 '낙오자'라는 말은 아니더라도 그것과 비슷한 의미의 당시 언어로 표현되었을 것이다.

사회와 개인의 틈바구니에서 고민하는 것은 현대인만이 아니다. 인류는 몇 백만 년의 세월 동안 끊임없이 개인의 자유를 갈망하면서 한편으로는 다른 구성원과 떨어져 살아가는 데 불안감을 느끼며 자유를 구속하는 사회적 규칙을 수용하지 않으면 안 되었다. 인류는 지금껏 그 딜레마 속에서 계속 고민해온 것이다.

최근 소셜미디어(Social media)가 화제다. 페이스북 같은 SNS(Social Networking Service)나 동영상을 공유하는 유튜브, 미니블로그인 트위터 등이다. 이런 소셜미디어의 특징은 불특정 다수의 친구들과 소통의 공간이 된다는 점이다. 현대인은 소셜미디어를 통해 자신의 일거수일 투족을 실시간으로 기록해 사람들에게 알린다. 특정한 목적 없이 순간 적인 자신의 감정과 일과 등을 기록하는 것이다.

일부 어른들은 젊은이들의 이런 '무의미'한 행위에 의문을 제기한 다. '인간관계의 희박성', '얼굴을 맞대고는 대화할 수 없는 사회성의 결여', '밀도 낮은 느슨한 인간관계'라며 비판하는 시각도 적지 않다. 그러나 진화심리학자들 중에는 이런 디지털 커뮤니케이션의 '무의미' 성에서 중요한 의미를 찾아내려는 사람들도 있다.

무심코, 어렴풋이 세상을 산다

미국의 저널리스트 클리브 톰슨(Clive Thompson)은 '어른'인 자신 과 자신의 친구들이 페이스북과 트위터의 인간관계를 수개월 동안 실 제로 경험한 결과, 젊은 사람들이 왜 소셜미디어에 그토록 매료되는지 어렴풋이 이해할 수 있었다고 「뉴욕타임스」를 통해 밝힌 바 있다.

소셜미디어를 경험한 '어른'들의 감상을 정리하면 다음과 같다.

'마치 작은 마을의 인간관계를 재현하는 듯했다…… 자신이 지금 무 엇을 하고 있는지 트위터에 짧은 글을 끊임없이 적어 올린다. 물론 글 이 올라오는 족족 읽는 친구는 없을지도 모른다. 그래도 열흘 전에 올 린 '감기에 걸린 것 같다'는 글을 무심코 본 친구가 그 뒤에도 별다른 글이 올라오지 않자, "어때? 감기는 좀 나았어?"라는 메일을 보낸다. 경우에 따라서는 집으로 병문안을 갈 수도 있다. 실제로 그 친구와는 1년도 넘게 만나지 않았지만 곧 서로 말이 통한다. 인터넷을 통해 상대의 상황을 어렴풋이나마 이해하고 있기 때문이다. 이런 단절 없는 접촉의 의미는 주변인식(ambient awareness)이라고 설명할 수 있다.'

주변인식이란, 인터넷 상의 끊임없는 접촉에 사회과학자가 붙인 명칭이다. 가상이 아니라 마치 현실공간에서 가까이에 있는 듯 부지불식간에 상대의 무드나 분위기를 알아차린다. 혹은 의식할 수 있다. 일본에서 요 몇 년 자주 사용되는 공기를 읽지 못한다는 뜻의'KY(空氣読めない, 공기를 읽지 못하는 사람의 약어로 2007년 신조되어 일본의 유행어가 되었다)'의 '공기'와 공통점이 있을지도 모른다.

현대인은 소셜미디어를 통해 서로 상대의 '공기'를 읽을 수 있는 친구를 만든다. 친구끼리는 서로의 공기를 읽어내고 적절한 방식으로 연락한다. 이런 관계에서는 옛날의 '복잡하지만 안심할 수 있는 촌락생활'을 '번잡함'과 '끈끈함' 없이 재현할 수 있다.

클리브 톰슨은 SNS의 인기를 사회적 고립에 대한 반작용이라고 주장한다. SNS에서 한 번 맺은 인연은 끊기는 일이 없다. 초등학교 1학년 동창생과 페이스북에서 재회한 이후 상대가 남긴 글을 때때로 읽게 되니까 굳이 메일로 연락하지 않아도 어렴풋이나마 서로의 생활을 알게 된다.

'새로운 세대에서는 친구와의 관계가 완전히 단절되는 일이 사라졌다. 이것은 긴 역사를 통해 보면 오히려 극히 당연한 일이다. 인류의 역사를 되짚어보면 사는 장소나 직장을 전전하며, 새로운 인간관계에서 다시 새로운 인간관계로 끊임없이 방황하는 것은 20세기 들어 나타난 매우 새로운 현상'이라고 사회학자는 설명한다.

네트워크에 의해 역사가 거꾸로 돌아가고 있는 것이다. 다만 '부지불식간에', '어렴풋이'라는 단어가 단적으로 말해주듯 옛날의 끈끈하고 번잡함에서 해방된 '느슨한 관계'라는 점은 다르다. 이런 의미에서는 몇 백만 년이나 이어온, 개인의 자유와 사회의 중압 사이의 갈등에서 벗어나는 수단을 새로운 세대가 마침내 발견한 것일지도 모른다.

하지만 이것을 진화라고 단정 짓기는 어렵다. 산업혁명 이후 1세기 동안에 증대한 사회적 고립과 도시의 고독한 개인의 존재라는 환경에서 벗어나 테크놀로지를 십분 활용함으로써 옛날 촌락생활을 되살리고 있는 젊은이들. 과연 이것을 '진화했다'고 말할 수 있을까? 아니면, 결국 21세기의 인간은 석기시대의 조상에 비하여 정신적으로는 조금도 진화하지 않았다고 봐야 할까?

사연 있는 상품이 팔리는 이유

'이성과 감정의 다툼'은 그리스시대부터 인간의 영원한 테마였다. 승자가 누구인지는 명백한 것 같다. 이 책에서도 소개한 실험과 조사에서 증명되어온 사실은 감정이 이성보다 강한 힘을 가지고 있다는 것이다.

소비자도 기업인도 감정의 영향을 받아 의사결정을 한다. 게다가 대부분은 무의식중에 판단하여, 자신이 왜 그렇게 판단했는지도 사실 알지 못한다. 그나마 "어째서 그런 말과 행동을 하는가?" 같은 질문에 "나 자신도 모른다"라고 대답할 수 있다면 좀 나은 경우라고 할 수 있다. 많은 경우 논리적 사고를 하는 뇌의 부위가 말과 행동의 근거를 차후에 짜맞춘다. 왜 그렇게 판단하는가 하는 이유를 만들어 이치에 맞게 꿰어 맞춘다. 그러므로 조사한다고 해도 진짜 이유를 알 수는 없다.

소비자와 기업인은 또한 직감이나 감, 혹은 휴리스틱이라 불리는 편리하고 신속한 의사결정 방법을 이용한다. 이런 휴리스틱적인 판단은 자신이 놓여 있는 상황에 의해 크게 좌우된다. 당연한 일이다. 휴리스틱은 생존을 위한 의사결정 방법이다. 눈앞에 있는 것이 독사인지 아니면 독이 없는 뱀인지에 따라서 취해야 할 행동이 180도 달라진다. 독사라면 도망치고, 독이 없는 뱀이라면 귀중한 단백질 공급원이 되기 때문에 어떻게든 잡아야 한다.

이런 사고법을 가진 인간은 융통성이 있다고도 할 수 있지만, 그때마다 상황에 영향을 받기 쉽다고도 할 수 있다. 휴리스틱적인 사고방법이 언어정보로 채용되면, 선택을 위한 판단은 문맥에 의해서 크게 흔들린다. 따라서 '실업률 20퍼센트'가 아니라 '고용률 80퍼센트'를 약속하는 정치가를 선택하고, '사망률 20퍼센트'가 아니라 '생존율 80

퍼센트’의 치료를 약속하는 의사를 신뢰한다. 또 ‘사연이 있는 상품이라 싸다’, ‘불경기 탓으로 회사가 도산했다’, ‘생산과정에서 흠집이 나서 정상적으로 유통되는 상품과 맛은 동일하지만 제 가격으로는 팔 수 없다’ 같은 사연을 들려주면 그 상품의 가치를 실제 이상으로 높게 평가하는 식이다.

이성적인 인간과 감정적인 인간은 반반

이런 제멋대로에 들쭉날쭉한 인간의 말과 행동을 보고 있자면 어떤 영장류보다 유별나게 성장한 대뇌신피질은 대체 무엇을 하고 있는지 고개를 갸웃거리게 된다. 그 가운데서도 인간에게 가장 발달했다는 논리적 사고를 다루는 전두전야, ‘뇌 속의 뇌’라 불리는 이성의 중추는 잠이라도 자고 있는 것일까?

안심하라. 인간에게는 이성이 있어, 논리적 사고가 불쾌감과 쾌감을 중심으로 작동하는 대뇌변연계를 어느 정도는 컨트롤하고 있다는 사실을 보여주는 실험 결과가 있다.

런던대학에서 실시한 실험은 문맥이 다르거나 표현법에 의해 의사결정이 크게 달라지는 것이 뇌의 어느 부위 때문인지를 밝히기 위해 실시되었다. 행동경제학에서 말하는 ‘프레이밍 효과(인식의 틀에 따라서 의사결정과 행동이 달라진다는 이론)’를 초래하는 뇌의 시스템을 밝히는 실험이었다.

fMRI 안에 누워 있던 대학생, 대학원생에게 바로 위에 있는 스크린을 통해 맨 처음 '당신에게 50파운드를 주겠다'는 금액을 제시한다. 이어서, 2개의 선택지가 제시되고 어느 한쪽을 선택하도록 한다.

① 스크린의 왼쪽 절반에 프레임 A와 프레임 B의 문장 중 어느 한쪽이 제시된다. 이것이 첫 번째 선택지다.
   프레임 A: 처음에 건넨 50파운드에서 20파운드를 계속 보유한다.
   프레임 B: 처음에 건넨 50파운드에서 30파운드를 잃는다.
② 스크린의 오른쪽 절반에 두 번째 선택지가 제시된다.
   '처음에 건넨 50파운드를 몽땅 내기에 건다. 이기면 전액이 그대로 남고, 지면 전액을 잃는다. 승률은 40퍼센트.'

실험에 참가한 사람들은 수중에 남는 금액이 확실한 선택지 ①과 불확실한 선택지 ② 중 어느 한쪽을 선택하지 않으면 안 된다.

실험 뒤, 20명의 피험자에게 물어보면 그들은 실험 중에 첫번째 선택지의 프레임 A와 B 모두 결과적으로 수중에 남는 금액이 20파운드로 똑같다는 사실을 곧 알아차렸다고 답했다. 대학생과 대학원생이니 그 정도의 계산은 당연히 할 수 있다.

그러나 실제로 어느 쪽을 선택하지 않으면 안 되는 단계가 되면, 선택지 ①에 프레임 A가 제시되면 피험자는 위기 회피적이 되어 선택지

②의 도박을 선택한 확률이 43퍼센트가 되었다. 반대로 선택지 ①에 프레임 B가 제시되면 위기 추구적이 되어 62퍼센트가 선택지 ②의 도박을 선택했다.

이유는 제시된 문장이 달랐기 때문이다. 프레임 A와 프레임 B의 내용은 표현만 다를 뿐 내용은 완전히 같지만 다른 결과가 도출됐다. 실험 중 피험자들의 뇌내 기능을 보면 대뇌변연계에서 공포나 불안에 관계하는 편도체는 안전이 확실한 선택지 ①을 선택하거나, 프레임 B가 나왔을 때 선택지 ②의 도박을 선택했을 때 강하게 활성화되었다. 그러나 선택지 ②의 도박을 선택하거나, 프레임 B가 나와도 그 프레임의 영향을 받지 않고 선택지 ①을 선택했을 경우에는 그만큼 활성화되지 않았다.

즉, 무의식의 감정이 피험자에게 20파운드를 확실히 보유하는 위험 없는 선택을 하도록 부추기거나 반대로 '30파운드를 잃을 바에는 도박을 하자'고 부추긴다. 다시 말해 논리적으로는 어느 것을 선택해도 같다고 이해하고 있음에도 불구하고 무의식의 감정이 직감적으로 휴리스틱적인 행동을 부추기는 것이다.

한편 프레이밍의 영향을 받기 쉬운지 아닌지는 피험자의 전두전야 피질, 즉 고등동물만큼 고도로 발달한 논리적 사고를 하는 부위의 활성화 정도에 의한다는 사실도 알 수 있었다. 프레임 B가 나와 있음에도 선택지 ①을 선택하거나, 프레임 A가 나와 있음에도 선택지 ②를 선택할 때 피험자의 전두전야의 신경세포는 활성화되었다. 즉, 손실을 회복하려는 인간의 본능적인 행동에 반하는 행동을 취하는 피험자의 전두전야는 강하게 활성화되는 것이다.

또 논리적으로 생각하고 행동하는 피험자와 감정에 따라 행동하는 피험자의 편도체 활성화 수준에는 차이가 없었다. 따라서 전두전야의 활동이 내적인 감정을 컨트롤할 수 있는가 아닌가는 프레이밍의 영향을 받기 쉬운가 아닌가의 차이가 된다고 연구팀은 결론 짓고 있다.

간단히 정리하면 이렇다.

'내적인 감정을 관장하는 편도체의 활동 수준은 사람에 따라 그다지 차이를 보이지 않는다. 그러나 논리적 사고를 관장하는 전두전야의 활동 수준에는 차이가 있고, 여기서의 활동이 감정을 컨트롤할 수 있다면 프레이밍의 영향을 받기 어렵다는 것이다. 프레이밍의 영향을 받기 어려운 사람들은 이 실험에서도 50퍼센트 전후는 있었다.'

우리는 사람들을 흔히 '이성적인 사람', '감정적인 사람'으로 나누곤 한다. 그런데 이 실험 결과대로라면 이 말은 '감정을 억제하기 쉬운 사람'과 '감정을 억제하는 것이 어려운 사람'으로 표현되어야 옳다.

어쨌든 이 실험에 따르면 어느 타입이든 약 50퍼센트로, 즉 반반 정도의 비율로 존재한다는 것이다. 단, 동일한 사람이라도 그때의 기분이나 자신과 주제와의 관계(관계가 깊으면 쉽게 감정적이게 된다)에 의해서 감정을 억제하기 쉬울 때도, 또는 억제하기 어려울 때도 있다.

인간도 진화의 역사에서 도망칠 수 없다

여전히 인간은 작은 무리를 만들어 수렵채집 생활을 하던 시절에 배양된 감정을 느끼던 방식이나 사고방식에서 벗어날 수 없다. '여전히'라고 말했는데, 수렵채집 생활은 최근까지 이어져왔기 때문에 당연하다면 당연하다.

역사의 축적에는 위력이 있다. 1억 년 이상의 역사를 가진 대뇌변연계에서는 쾌·불쾌의 감정이 행동을 촉구하는 구조가 되었다. 이 정동의 시스템이 논리적 사고를 하는 대뇌신피질과 상호작용하여 의사결정을 하는데, 기껏 2백만 년의 역사밖에 가지고 있지 않은 대뇌신피질이 뒤처지는 일이 많은 것도 당연하다.

이른바 보이스 피싱이나 허위 투자에 의한 피해를 뉴스에서 반복해서 경고하는데도, 그 피해가 끊임없이 일어나는 것은 여전히 감정에 이끌려 의사결정을 하는 사람이 많기 때문이다. 이런 관점에서 런던대학의 실험 결과를 보면, 논리적 사고가 감정을 억제하는 데 성공한 사람이 50퍼센트라는 사실도 충분히 납득할 수 있다.

신피질의 의식의 세계는 불과 5퍼센트라고 단언하는 정신과학자나 심리학자가 있다. 5퍼센트라고 분명한 숫자로 언급하는 것은 삼간다고 해도 의식의 세계는 빙산의 일각, 즉 바다 위로 보이는 작은 부분에 불과하다는 것에는 대부분의 과학자가 동의한다. 바다 밑에는 우리가 볼 수 없는 엄청난 무의식의 세계가 존재한다.

전통적 경제학은 인간을 손익을 계산하고 자신의 이익이 최대가 되도록 선택하는 경제인(호모 에코노미쿠스)이라고 전제하고 있다. 그러나 현실에서 인간이 늘 합리적인 행동을 취하는 것은 아니다. 불합리하고 모순된 행동을 취하는 경우도 많다. 그러나 이 같은 인간의 불합리한 행동도 되는 대로 무작위로 행해지는 것이 아니다. 거기에는 일정한 규칙이 있으며 그 규칙을 해명하려는 것이 행동경제학이다. 행동경제학이나 신경경제학은 무의식의 영역, 즉 대뇌변연계의 선택 방법에 초점을 맞춤으로써 인간의 불합리한 행동의 규칙을 밝히려는 것이다.

보금자리에 틀어박힌 소비자와 저가 상품이라는 먹이

마케팅 측면에서만 보자면, 최근 20여 년간 기업은 소비자의 말과 행동의 모순에만 주목해왔다. "소비자는 단지 호오(好惡)만으로 구매를 결정한다", "소비자는 변덕쟁이" 등등 모두 표면적으로 보이는 모순에만 주목하는 발언이다.

소비자가 변덕쟁이로 보이는 것은 대뇌변연계와 전두전야의 논쟁이나 작은 충돌에만 초점을 맞추고 있기 때문이다. 해수면 위로 드러난 5퍼센트의 부분만 보고 빙산의 모든 것을 보았다고 믿는 것이다. 글로벌 시장에 진출해 장수 브랜드를 육성하고 싶다면 해수면 아래의 95퍼센트를 보지 않으면 안 된다. 다시 말해 대뇌변연계가 느끼는 것에 주목하지 않으면 안 된다. 왜냐하면 시장, 인종에 관계없이 무의식의 영역은 전 인류의 공통된 특성이기 때문이다.

요즘 '소비자는 찰나적'이라는 마케팅 담당자의 한탄을 자주 듣는다. 찰나적 행동의 원인은 대뇌변연계가 '현재'밖에 흥미가 없기 때문이다. 그리고 불확실한 시대에 불안을 느끼는 소비자는 내면에서 들려오는 '무의식의 목소리'에 따르는 경향이 강하다. 따라서 현대의 소비자는 '미래 따윈 존재하지 않는다'는 듯이 행동하는 것이다. 절약하고 소비하지 않는 이유는 미래에 대한 걱정 때문이 아니라, 지금 있는 것을 잃지 않겠다는 손실회피성의 표현이라 생각하면 된다. 그러면 소비자의 행동을 모순 없이 이해할 수 있다.

고객의 진짜 심리를 이해할 수 있다면 기업이 찾아야 할 전략이나 전술도 달라진다. '맥락 없이 단순한 변덕으로 상품을 선택하는 듯 보이는 소비자'를 대상으로 하는 것과는 자연히 달라지게 된다. 불안함에 둥지에 틀어박혀 있는 소비자를 '저렴한 가격'이라는 미끼만으로 밖으로 불러내려는 전술은 타당하다고 할 수 없다.

소비자는 미끼(저가 상품)를 손에 넣으면 곧 다시 자신의 둥지로 돌아갈 것이다. 그리고 둥지 속 소비자를 또다시 밖으로 나오게 하기 위해서는 그 전보다 할인율이 높은 미끼를 준비하지 않으면 안 된다. 소비자의 마음에 깃들어 있는 태고 적 심리상태를 이해하면 찾아내야 할 전략도 자연스럽게 밝혀질 것이다.

커뮤니케이션의 엄청난 힘

장구한 인류사에서 개인과 사회 사이에 끊임없이 긴장과 알력이 존재해왔다는 사실은 놀랍다. 포식자에 대한 공포나 불안에서 집단을 만들었지만 그로 인해 자신의 자유와 존재 자체가 상처입었다고 느끼는 사람은 어느 시대에나 늘 존재해왔다. 즉, 사회에 정착하지 못하고 고민하는 모습은 현대인만의 문제가 아니라, 태고 적 우리 조상 중 누군가의 모습이었을지 모른다. 그럼에도 불구하고 인간은 집단으로 살아가는 것을 선택해왔다. 우리는 늘 무엇인가를 두려워하고 불안을 느끼기 때문이다.

포식자나 자연재해, 독이 든 먹을거리 등 생명에 직접적인 위험을 주는 것은 지금 사회에는 일상적으로 존재하지 않을지 모른다. 그러나 대뇌신피질이 발달하고 미래를 상상하는 힘을 가짐으로써 인간은 늘 새로운 불안에 사로잡히게 되었다. 어른이 된다는 것이 불안하다. 결혼할 수 있을지 불안하다. 아이가 건강히 무탈하게 성장할지 불안하다. 주택대출금을 제대로 갚을 수 있을지 불안하다. 병에 걸리는 것, 나이를 먹는 것, 그리고 죽는 일이 불안하고 두렵다.

상상력을 가진 신피질은 끊임없이 새로운 불안을 창조한다. 게다가 타인과 자신을 비교함으로써 불안은 더욱 증폭된다. 이런 불안을 끌어안고 있는 사람에게 필요한 것이 타인과의 커뮤니케이션이다.

영장류나 호모 에렉투스는 털 고르기가 중요한 커뮤니케이션이었다. 동료가 털 고르기를 해준 영장류의 체내를 조사해보면 체내 아편이라 불리는 엔도르핀의 양이 증가한 것을 알 수 있다. 엔도르핀은 뇌에서 생성된 화학물질로 이것이 혈액 속에 서서히 분비되고, 그 결과 최고의 기분을 맛볼 수 있다. 털 고르기를 대체해 등장했다는 '언어'에도 상대를 기분 좋게 만드는 힘이 있다고 생각하는 진화심리학자가 있다. 언어에 의해서 체내 아편이 분비된다는 것이다.

언어로 모두를 웃게 하고, 슬퍼하는 사람에게 기운을 불어넣고, 아이나 배우자를 잃은 사람을 위로한다. 옛날 사람들은 말에 신비한 힘이 있다고 믿고 있었다. 말에 의해서 웃고 미소를 지을 때 체내 엔도르핀의 양이 증가하는 것은 조사 결과로 이미 밝혀져 있다. 또한 라쿠고(落語, 이야기를 몸짓을 첨가해 들려주는 일본의 예술 분야 중 하나)나 만담을 들은 직후 암환자의 면역력을 높여주는 세포의 활성도가 높아졌다는 연구 결과도 있다.

커뮤니케이션에는 인간의 기분을 바꾸고 생각을 변화시키는 큰 힘이 있다. 행동경제학의 실험에서도 문맥에 의해서, 표현방법에 의해서 인간의 선택지는 크게 좌우된다는 것이 밝혀졌다. 문장이나 이야기에는 그만큼의 힘이 있는 것이다.

인간이라는 생물에 주목한 마케팅

고객의 마음의 메커니즘을 이해하는 데서 나아가, 상대의 불안을 없애고 안심감을 선사하여 고객의 행동을 변화시키는 힘이 마케팅에는 있다. 그러나 대부분의 기업이 그것을 가능케 할 만한 커뮤니케이션 능력이나 커뮤니케이션 기술을 가지고 있지 않다. 왜냐하면 그 힘을 믿고 있지 않기 때문이다.

2009년, 미국 자동차산업 빅3 중 클라이슬러와 GM은 경영파탄에 내몰렸다. 미국의 자동차회사는 이미 오래 전부터 점차 붕괴하고 있었지만, 그럼에도 불구하고 미국을 대표하는 자동차 산업이 파산하는 데 놀라움을 금치 못한 사람도 많았을 것이다. 이 같은 뉴스를 전하는 신문에 과거 미국 자동차회사 간부를 인터뷰한 적이 있는 일본인 기자의 감상이 소개되었다. '미국의 자동차회사의 간부는 마케팅 이야기만 하고 있었다. 일본의 자동차회사의 경우 생산비용의 절감이나 생산기술에 대한 이야기가 많은데 반하여……'라는 내용이었다.

마케팅 이야기만 하는 것도 문제지만 생산, 제조 이야기만 하는 것도 마찬가지로 문제다. 아무리 멋있는 상품을 제조해도 그 훌륭함을 소비자가 이해할 수 없다면, 또 자신의 상품에 대한 정열을 소비자가 느낄 수 없다면 '고품질의 상품'을 만들어도 '그저 그런 상품'을 만들어도 차이는 없다.

인터넷의 등장으로 마케팅 방식도 변하고 있다. 그러나 인간의 기본적인 사고방식이나 감각방식은 고작 50년이나 1백 년 사이에 달라지는 것이 아니다. 태고 적부터 불안을 안고 타인들과 얽히고설킨 관계를 맺어야 했던 인간이 SNS나, 언제 어디서든 사람들과 연결 될 수 있는 휴대전화로 몰려드는 것은 당연하다.

진화의 역사에서 변화한 것에 주목할 것이 아니라 변화하지 않는 것에 초점을 맞추면 새로운 현상도 충분히 납득 가능한 형태로 설명될 수 있다. 그러면 우왕좌왕하는 일 없이 자신감을 가지고 결단을 내릴 수 있다. 이는 불확실한 시대를 사는 기업의 경영자에게도 마케팅 의 사결정자에게도 반드시 필요한 태도다.

이런 주장에 반대하는 의견도 있을 것이라 생각한다. 과거를 통해 현재나 미래를 설명할 수 있다고 주장하는 나는 어쩌면 '패턴 인식의 착각'을 일으켜 '없는 것'을 보고 있는 것일 뿐인지도 모른다. 그 판단은 여기까지 읽은 독자 여러분에게 맡기고 싶다.